ДЕРЕК ПРИНС

Влияние на историю
через
ПОСТ И МОЛИТВУ

2014

Shaping History Through Prayer and Fasting
Derek Prince

Derek Prince Ministries – International
P.O.Box 19501
Charlotte, NC 28219-9501
USA

ВЛИЯНИЕ НА ИСТОРИЮ
ЧЕРЕЗ ПОСТ И МОЛИТВУ
Дерек Принс

Новый перевод на русский язык, редакция и издание -
Служение Дерека Принса в Украине

ДПМ-Украина,
2-е отд. связи, а/я 1,
Светловодск,
Кировоградская обл.,
27502

KievStar   +38-097-772-64-82
BeeLine   +38-068-86-59-559
Life   +38-093-027-89-39
MTC (UMC)   +38-066-286-49-26

derek.prince@meta.ua

Посетите наш сайт в интернете:
DerekPrinceUkraine.com

ISBN 978-1-78263-415-7

DEREK
PRINCE
M I N I S T R I E S
UKRAINE-CENTER

ВОЗЗВАНИЕ,
написанное Президентом
Соединенных Штатов Америки
о Дне Всенародного Смирения,
Поста и Молитвы

Резолюцией Сената США, признающего высшую власть и справедливое правление Всемогущего Бога – как над отдельными личностями, так и над народами, – и по просьбе Президента усмотрен и назначен общенациональный День смирения и молитвы.

Прямой долг всякого народа, также как и каждого отдельного человека, признавать свою зависимость от высочайшей воли Творца, в смиренном сокрушении исповедовать свои грехи и преступления, не оставляя при этом твердой надежды, что искреннее покаяние влечет за собой милость и прощение. А также признавать великую истину, провозглашенную Священным Писанием и подтвержденную всем ходом истории: лишь тот народ благословен, у которого Господь есть Бог.

Поскольку мы знаем, что по Его Божественному установлению, ударам и наказаниям подвергаются как отдельные личности, так и целые народы в этом мире, то справедливым будет опасение, что ужасное бедствие, постигшее ныне страну, есть не что иное, как наказание за наши дерзкие грехи перед завершением столь необходимого процесса формирования нас, как единого народа.

На нас потоками изливались щедроты Неба. В течение многих лет мы были храними в мире и благоденствии. Мы умножились числом и возросли в богатстве и силе, как ни один народ за всю историю.

Но мы забыли Бога, забыли милосердную руку, которая хранила нас в мире, умножала, обогащала и укрепляла нас. В заблуждении наших сердец, мы самонадеянно вообразили, что все эти благословения мы обрели благодаря своей собственной мудрости и добродетелям. Одурманенные непрерывным успехом, мы стали слишком самонадеянными для того, чтобы чувствовать потребность в спасительной благодати, слишком возгордились, чтобы молиться Богу, Который сотворил нас! И сейчас нам следует смирить себя перед оскорбленным нами Спасителем, исповедать грехи нашего народа и умолять о милости и прощении...

Посему, в согласии с запросом и полностью соглашаясь со взглядами Сената, я настоящим воззванием провозглашаю вторник 30 апреля 1863 года Днем Общенародного Смирения, Поста и Молитвы. Призываю весь народ воздержаться в этот день от своих обычных занятий и провести служения в установленных местах общественных собраний, а также в своих домах, соблюдая себя в святости для Господа и посвящая день смиренному исполнению своих духовных обязанностей, насколько это подобает такому важному событию.

Совершив это – в искренности и истине – да успокоим наши сердца в надежде, подтвержденной Божественным учением, что единодушный вопль народа будет услышан на Высоте, а ответом станет такое благословение, как прощение грехов нашего народа и возвращение прежнего состояния мира и единства в нашей разделенной и страдающей стране.

В подтверждение сего прилагаю мою руку и печать Соединенных Штатов.

Составлено в Вашингтоне сего дня 30 марта в лето Господне 1863 года (87 год независимости Соединенных Штатов).

Авраам Линкольн, президент
Уильям Стюард, государственный секретарь

ВСТУПЛЕНИЕ

Вышеприведенный документ хранится в Библиотеке Конгресса под 19 номером XII тома Законоположений США. Это воззвание было результатом резолюции Сената Соединенных Штатов и было официально оглашено Авраамом Линкольном 30 марта 1863 года. В нем обнаруживаются две взаимосвязанные темы, заслуживающие нашего тщательного изучения.

Во-первых, в воззвании признается исключительность благословений, дарованных США, но предполагается, что именно эти благословения привели к гордости и самоуверенности, в которых и коренятся причины национального кризиса. Некоторые фразы, использованные в тексте, могут быть с полным основанием отнесены и к сегодняшнему состоянию этой страны: *«Мы умножились числом, возросли в богатстве и силе, как ни один народ... В заблуждении наших сердец мы самонадеянно подумали, что все эти благословения мы обрели благодаря своей собственной мудрости и добродетелям... Мы стали слишком самонадеянными... слишком возгордились, чтобы молиться Богу, Который сотворил нас!»*

Во-вторых, воззвание недвусмысленно признает высшую власть Бога в делах людей и народов. В нем отмечается, что за политическими, экономическими и военными механизмами развития истории, находятся иные силы — духовные Божественные законы. И что, только познав эти законы и подчинившись им, мы можем изменить судьбу нации, отвратить угрожающее ей бедствие и приобрести прочный мир и благополучие. И, самое главное, воззвание устанавливает для народа конкретный практический путь высвобождения высшей Божественной силы —

посредством совместной молитвы и поста.

Автор этого воззвания, Авраам Линкольн, признан не только среди своих соотечественников, но и во всем мире, одним из наиболее дальновидных и проницательных президентов Америки. Это был человек искренней веры и глубоких убеждений, но он не искал членства в какой-либо христианской деноминации своего времени. Его религиозные взгляды ни в коей мере нельзя назвать несбалансированными или крайними. Заметим также, что это воззвание было плодом не просто личных убеждений Линкольна, но решением всего Сената США.

Но как же нам расценивать глубокие и единодушные убеждения людей подобного ранга? Можем ли мы отвергнуть их, как неуместные и устаревшие? Сделать так — значит поддаться необоснованному предубеждению.

Скорее, мы должны внимательно и прилежно исследовать этот документ и вопросы, которые он поднимает. Существует ли Божественная сила, которая управляет судьбами народов? Может ли эта сила быть высвобождена молитвой и постом?

Изучению этих вопросов посвящена данная книга. Ответ будет представлен на основании следующих четырех источников: во-первых, учения Священного Писания; во-вторых, событий мировой истории во время и после Второй Мировой войны; в-третьих, исторических документов США; в-четвертых, личного опыта, связанного с молитвой и постом.

ДЕРЕК ПРИНС

Глава 1

СОЛЬ ЗЕМЛИ

«Вы — соль земли...»
— Евангелие от Матфея 5:13 —

Иисус обращается с этими словами к Своим ученикам — всем тем, кто признает власть Его учения. Он сравнивает наше земное предназначение с функцией, которую выполняет соль. Смысл этого сравнения становится ясным, когда мы задумываемся над двумя свойствами соли, которыми люди пользовались тысячелетиями.

Соль придает вкус

Во-первых, соль придает вкус. Пища, которая сама по себе пресная и невкусная, может стать приемлемой и даже желаемой, как только в нее будет добавлена соль. В Книге Иова 6:6 эта мысль выражена в форме риторического вопроса: *«Едят ли безвкусное без соли?»* Именно наличие соли производит разницу — будем ли мы наслаждаться едой или же откажемся от нее.

Наша функция, как христиан — придавать вкус этой земле. Оценивает же вкусовые качества Бог. Наше присутствие делает мир приемлемым для Бога. Нашим присутствием земля представляется Богу для милости. Без нас не было бы ничего, что делало бы землю приемлемой для Бога. Но поскольку здесь находимся мы, Бог продолжает проявлять по отношению к миру не суд и гнев, а милость и благодать. Определяется это именно нашим присутствием на земле. Этот принцип наглядно проявляется в описании ходатайства Авраама за Содом (Бытие 18:16,33). Господь сказал Аврааму, что Он направляется в Содом убедиться, действительно ли развращенность города дошла до такой степени, что больше нельзя медлить с судом. Тогда Авраам идет с Господом по дороге в Содом и обсуждает с Ним принципы совершения Божьего суда.

С самого начала Авраам высказывает принцип, являющийся основой тому, что последует дальше: *нет воли Божьей на то, чтобы суд, уготованный нечестивому, пал на праведного.*

«Неужели Ты погубишь праведного с нечестивым?... — спрашивает Авраам (стих 23). — Не может быть, чтобы Ты поступил так, чтобы Ты погубил праведного с нечестивым, чтобы то же было с праведником, что с нечестивым; не может быть от Тебя! Судия всей земли поступит ли неправосудно?» (стих 25).

Из последующего общения становится понятным, что Господь подтверждает принцип, выраженный Авраамом. Как важно, чтобы все верующие понимали это! Если мы сделались праведными через веру во Христа, если наша жизнь является истинным выражением нашей веры, то Бог никогда не допустит, чтобы мы попали под суды, которые Он наводит на беззаконных.

К сожалению, христиане часто не понимают этого, потому что не видят разницу между двумя ситуациями, внешне похожими, но отличающимися как по своей сути, так и по причинам, их вызвавшим. С одной стороны, мы наблюдаем гонение за праведность; с другой стороны, есть Божий суд за беззаконие. Разницу между этими двумя ситуациями можно выразить так: нечестивые возводят гонения на праведных; но праведный Бог изливает Свой суд на нечестивых. Поэтому гонения за праведность и суды за беззакония противоположны друг другу в своем источнике, в своих целях и результатах.

Библия прямо предупреждает, что христиане должны быть готовы к преследованиям. В Нагорной проповеди Иисус говорит ученикам: *«Блаженны изгнанные за правду, ибо их есть Царство Небесное. Блаженны вы, когда будут поносить вас и гнать и всячески неправедно злословить за Меня»* (Матфея 5:10-11). Павел дает подобное же наставление Тимофею: *«Да и все, желающие жить благочестиво во Христе Иисусе, будут гонимы»* (2-е Тимофею 3:12). Поэтому христиане должны быть готовы к тому, что им придется претерпевать гонения за их веру и за образ жизни, и даже принимать это как привилегию.

Но именно поэтому христиане никогда не подвергнутся Божьему наказанию, которое Он посылает нечестивым. Этот принцип много раз утверждается в Писании. В 1-м Коринфянам 11:32 Павел предупреждает своих братьев: *«Будучи же судимы, наказываемся от Господа, чтобы не быть осужденными с миром»*. Это показывает разницу отношения Бога к верующим и к миру. Как верующие, мы можем ожидать наказания от Бога. Если мы покоримся наказаниям и приведем свою жизнь в порядок, тогда мы не подвергнемся суду, который приходит на неверующих и в целом на весь мир. *Сама цель Божьего наказания нас, как верующих, состоит в том, чтобы отвести нас от Божьего суда над теми, кто не подчиняется и не верит Ему.*

В Псалме 90:7-8 мы находим обетование верующему:

«Падут подле тебя тысяча, и десять тысяч одесную тебя, но к тебе не приблизится. Только смотреть будешь очами твоими и видеть возмездие нечестивым».

Здесь мы снова видим тот же принцип. Суд в качестве заслуженного *«возмездия нечестивым»* никогда не падет на праведного. При том, что Бог поражает нечестивых повсюду вокруг, посреди всего этого праведник остается невредим. В главах с 7 по 12 книги Исход написано, что Бог обрушил 10 казней с возрастающей суровостью на головы египтян, потому что они отказались слушать Его пророков Моисея и Аарона. Во время этих казней Божий народ Израиль находился посреди Египта, но ни одна из 10 казней не коснулась его. В Исходе 11:7 причина этого наглядно изложена в следующих словах:

> *«У всех же сынов Израилевых ни на человека, ни на скот не пошевелит пес языком своим, дабы вы знали, какое различие делает Господь между египтянами и израильтянами».*

Наказание не пало на израильтян потому, что Господь *полагает различие* между собственным народом и народом Египта. Даже собаки в Египте осознавали это различие! Это различие имеет силу и сегодня.

Говоря с Господом о Содоме, Авраам старается уточнить минимальное число праведников, необходимое для предотвращения суда над целым городом. Он дерзает начать с пятидесяти праведников и затем, все больше увеличивая это разительное соотношение праведности и нечестия, доходит до десяти. Бог, в конечном счете, подтверждает Аврааму, что, если Он найдет всего лишь десять благочестивых людей в Содоме, то Он пощадит город ради этих десяти.

Сколько же человек проживало в Содоме? Точное число дать трудно, но есть данные о населении в других городах древней Палестины, которые могут дать определенное представление. Во дни Авраама стены Иерихона охватывали территорию площадью около 30.000 – 36.000 кв. метров, что говорит о населении, как минимум, в пять тысяч человек и, как максимум, в десять тысяч. Самым большим городом того времени был Азор, площадью более 70 000 кв. метров, с населением 40-50 тысяч человек. Позднее, во дни Иисуса Навина все население города Гай составляло 12 тысяч человек (Ис.Нав. 8:25). Библия дает основание предполагать, что в свое время Содом был более крупным городом, чем Гай.

Принимая все это в расчет, мы имеем основание предполагать, что население Содома во дни Авраама было не менее 10 тысяч. Итак, Бог подтвердил Аврааму, что 10 праведников могут своим присутствием сохранить город с населением по меньшей мере 10 тысяч человек. Это дает нам соотношение 1:1000. То же самое соотношение *«один среди тысячи»* дано в Книге Иова 33:23 и у Екклесиаста 7:28. На основании этих двух отрывков можно предположить, что об *«одном из тысячи»* говорится, как о человеке, отличающемся своей праведностью среди остальных, которые не соответствуют уровню Божьих стандартов.

Данное соотношение применимо к любому уровню. Присутствие 10 праведников может сохранить общество из 10 тысяч. Присутствие 100 праведников — общество в 100 тысяч человек и 1000 праведников могут сохранить 1 миллион. Сколько же праведников необходимо, чтобы обеспечить сохранность такой большой страны, как Соединенные Штаты, с населением, приблизительно 210 миллионов? Для этого нужно около 210 тысяч праведников.

Эти цифры впечатляют. Дает ли нам Священное Писание основание считать, что наличие, например, четверти миллиона поистине праведных людей, рассыпанных подобно крупицам соли по всем Соединенным Штатам, будет достаточным для отвращения Божьего суда от всего народа и для продолжения Его милости и благодати? Конечно же, нельзя настаивать на абсолютной точности такой пропорции. Тем не менее, Библия со всей определенностью подтверждает базовый принцип: наличие праведных верующих является решающим фактором в отношениях Бога с обществом.

Чтобы пояснить этот принцип, Иисус использует в качестве метафорического образа *«соль»*. Во 2-м Коринфянам 5:20 чтобы показать ту же самую истину Павел употребляет другой образ. Он говорит: *«Мы посланники от имени Христова».* Кто такие посланники, послы правительства? Они посылаются с официальными полномочиями властей, чтобы представлять страну на территории другого государства. Их авторитет не основывается на их личных способностях, но находится в прямой зависимости от авторитета правительства, которое они представляют.

В Послании к Филиппийцам 3:20 Павел так квалифицирует правительство, которое мы представляем, как христиане. Он говорит: *«Наше же жительство на небесах»,* — а в новом английском переводе Библии это звучит так: *«Мы — поданные Небес».* Поэтому, наше положение на земле расценивается как положение посланников, представляющих небесное Царство. Мы не вправе действовать по своему собственному усмотрению, но лишь в зависимости от того, насколько точно мы выполняем волю и указания нашего правительства. Тогда мы можем рассчитывать на силу и власть Неба, которые будут стоять за каждым сказанным нами словом или предпринятым нами шагом.

Прежде чем одно правительство объявляет войну другому, как правило, последним окончательным предупреждением является отзыв послов. Пока мы остаемся на земле, как Небесные посланники, наше присутствие гарантирует Божью милость и долготерпение по отношению к земле. Но как только Небесные посланники будут отозваны, тогда уже ничто более не будет препятствовать полному излиянию на землю Божьего гнева и суда.

Это подводит нас ко второй функции присутствия христиан на земле, в качестве *«соли земли».*

Соль предотвращает разложение

Вторая функция соли в отношении пищи — предотвращение процесса разложения. Искусственная заморозка продуктов появилась сравнительно недавно. Все предыдущие столетия, если морякам, например, надо было запастись мясом для длительного путешествия, то в качестве предохраняющего средства они использовали соль. Хотя соль не может обратить вспять разложение и при засолке мяса этот процесс уже в действии, но соль затормаживает его, и поэтому моряки могли еще долгое время питаться мясом, которое бы без соли очень быстро испортилось.

Наше присутствие на земле, как учеников Христа, действует, подобно соли в мясе. Процесс греховного разложения уже налицо. Он проявляется во всех сферах человеческой деятельности — моральной, религиозной, общественной, политической. Мы не можем обратить вспять разложение, которое уже в действии, но мы можем приостановить его на достаточно долгое время, чтобы исполнились цели, ради которых была дарована Божья милость и благодать. Когда наше влияние перестанет ощущаться, разложение достигнет высшей точки и результатом будет всеобщая деградация.

Эту способность соли — сдерживать разложение — Павел поясняет во 2-м Фессалоникийцам 2:3-12. Павел предупреждает, что человеческое беззаконие достигнет своего пика и будет явлено в личности мирового правителя, который будет наделен сверхъестественной силой и управляем самим сатаной. Павел называет этого мирового правителя *«человеком греха»* (буквально *«человеком беззакония»*) и *«сыном погибели»*. 1-е Иоанна 2:18 называет его *«антихристом»*, в Откровении 13:4 он назван *«зверем»*. Этот правитель объявит себя Богом и потребует всеобщего поклонения.

Появление сатанинского диктатора неизбежно.

Павел говорит с уверенностью: *«И тогда откроется беззаконник...»* (2-е Фессалоникийцам 2:8). Там же Павел говорит о том, что истинный Христос — Сам лично — совершит окончательный суд над этим «лжехристом», *«которого Господь убьет духом уст Своих и истребит явлением пришествия Своего».*

К сожалению, некоторые проповедники используют это учение о явлении антихриста для того, чтобы вселить в христиан отношение пассивности и фатализма. *«Антихрист идет, —* говорят они, *— и становится все хуже и хуже, и ничего уже нельзя сделать».* Очень часто, в результате этого, христиане сидят, сложа руки, и в страхе наблюдают, как сатана беспрепятственно производит свои разрушительные действия вокруг них.

Такая позиция пассивности и обреченности настолько же трагична, насколько она совершенно не соответствует духу Писания. Антихристу надлежит прийти. Однако, совершенно неверно, что с этим ничего нельзя поделать. В настоящее время в мире действует сила, которая противостоит, отражает и сдерживает дух антихриста. Действие этой силы описано Павлом во 2-м Фессалоникийцам 2:6-7: *«И ныне вы знаете, что не допускает открыться ему в свое время. Ибо тайна беззакония уже в действии, только не совершится до тех пор, пока не будет взят от среды удерживающий теперь».*

Эта удерживающая сила, которая в настоящее время препятствует полному и окончательному водворению антихриста — это сила личности Святого Духа, пребывающего в Церкви. Это становится ясным, если мы проследим откровения Писания относительно личности Святого Духа. В самом начале Библии, в Бытии 1:2, нам сказано, что Дух Божий носился над водами. Начиная оттуда, на протяжении всего Ветхого Завета, мы встречаем частые ссылки на деятельность Святого Духа на земле. Однако, в конце Своего земного служения,

Иисус обещал ученикам, что Святой Дух вскоре придет к ним совершенно новым образом, не похожим ни на что, когда-либо происходившее прежде.

В Евангелии от Иоанна 14:16-17 Иисус дает обещание:

> *«И Я умолю Отца и даст вам другого Утешителя, да пребудет с вами вовек; Духа Истины... ибо Он с вами пребывает и в вас будет».*

Мы можем перефразировать обещание Иисуса таким образом: *«Я был с вами, как Личность, три с половиной года, а теперь Я должен оставить вас. После Моего ухода, вместо Меня придет другая Личность. Эта Личность — Святой Дух. Когда Он придет, Он останется с вами навсегда».*

Иисус повторяет Свое обещание в Евангелии от Иоанна 16:6-7:

> *«Но от того, что Я сказал вам это, печалью исполнилось сердце ваше. Но Я истину говорю вам: лучше для вас, чтобы Я пошел; ибо если Я не пойду, Утешитель не придет к вам, а если пойду, пришлю Его вам».*

Картина ясна: взамен одной Личности, придет другая Личность. Иисус уйдет, а вместо Него придет другая Личность. Эта другая Личность — Утешитель, Святой Дух.

Иисус возвращается к этой теме третий раз в Евангелии от Иоанна 16:12-13:

> *«Еще многое имею сказать вам, но вы теперь не можете вместить. Когда же приидет Он, Дух истины, то наставит вас на всякую истину...»*

В оригинальном греческом тексте местоимение *«Он»* — мужского рода, а существительное *«Дух»* — среднего. Это грамматическое несоответствие родов отражает двойную природу Святого Духа, личную и безличную. Это согласуется с языком, которым пользуется Павел во 2-м Фессалоникийцам 2:6-7, относительно силы, удерживающей появление антихриста. В шестом стихе Павел говорит о том, *«что не допускает открыться ему* (антихристу)*»*, а в седьмом стихе он говорит об *«удерживающем»*, который со временем будет забран. Это сходство выражений подтверждает тождественность сдерживающей силы со Святым Духом.

Смена Личностей, предсказанная Иисусом, осуществилась в два этапа: сначала произошло вознесение Иисуса на Небо; затем, спустя 10 дней произошло сошествие Святого Духа в День Пятидесятницы. В этот момент истории, Святой Дух сошел с Небес как Личность и стал личным Представителем Бога Отца на земле. Его место обитания сегодня — тела истинных верующих, собирательно называемых «Церковью». К этому Телу верующих Павел обращается в 1-м Коринфянам 3:16 со словами: *«Разве не знаете, что вы храм Бога Живого и Дух Божий живет в вас?»*

Цель великого служения Духа и Церкви — приготовить совершенное Тело для Христа. После завершения этой работы Тело, в свою очередь, предстанет пред Христом, как невеста предстает пред женихом. Как только служение Святого Духа внутри Церкви закончится, Он снова будет взят от земли, забрав с собой завершенное Тело Христа. Поэтому мы можем прочитать заявление Павла во 2-м Фессалоникийцам 2:7, следующим образом: *«Он (Святой Дух) удерживающий его (антихриста) теперь будет действовать до тех пор, пока не будет взят».*

Противоборство между Духом Святым и духом антихриста описано также в 1-м послании Иоанна 4:3-4:

> *«А всякий дух, который не исповедует Иисуса Христа, пришедшего во плоти, не есть от Бога, но это дух антихриста, о котором вы слышали, что он придет и теперь есть уже в мире. Дети! вы от Бога, и победили их; ибо Тот, Кто в вас,*

больше того, кто в мире».

В мире уже действует дух антихриста и работа его направлена на то, чтобы явился сам антихрист. В учениках же Христа живет Святой Дух, сдерживающий приход антихриста. Поэтому ученики, в которых обитает Святой Дух, выполняют функцию барьера, сдерживающего всепотопляющий прорыв беззакония и воцарение антихриста. Только когда Святой Дух вместе с завершенным Телом учеников Христа возьмется от земли, силы беззакония смогут полностью проявить себя в явлении антихриста. Поэтому, на христианах лежит ответственность, которая одновременно является и привилегией — противостоять силам антихриста и силой Святого Духа сдерживать их напор.

Что произойдет в случае неуспеха

Как соль земли, мы, Христовы ученики, несем двойную ответственность. Во-первых, по причине нашего присутствия здесь, Бог не лишает землю Своей милости и благодати. Во-вторых, силою Святого Духа в нас мы сдерживаем силы разложения и беззакония до назначенного Богом срока.

Осуществляя эти цели, Церковь выполняет функцию барьера, препятствующего осуществлению крайне амбициозных планов сатаны — подчинить мир своей власти. Это объясняет, почему Павел говорит во 2-м Фессалоникийцам 2:3, что прежде чем откроется *«человек греха»*, *«сын погибели»* — антихрист, вначале должно прийти отступление. Слово *«отступление»*, в оригинале означает *«вероотступничество»*. Пока Церковь стоит твердо и бескомпромиссно, она в силах помешать окончательному приходу антихриста. Сатана хорошо понимает это и поэтому его главная цель — подорвать веру и праведность Церкви. Если он достигнет этого, препятствие будет убрано и для него откроется свободный путь к захвату духовного и политического контроля над всей землей.

Предположим, что сатана добьется успеха из-за нашей неспособности, как христиан, осуществить возложенную на нас обязанность. Что тогда? Ответ содержится в словах Самого Иисуса. Мы станем солью, потерявшей свою силу. Он предупреждает нас, что ожидает такую соль: *«Она уже ни к чему не годна, как разве выбросить ее вон, на попрание людям»* (Матфея 5:13).

«Ни на что не годна»! – это действительно серьезная оценка. Что произойдет в результате этого? Мы будем *«выброшены»* — отвергнуты Богом. Мы будем отданы на попрание людям, и люди явятся орудием Божьего наказания над бессильной, отступнической церковью. Если нам не удастся сдержать силы беззакония, то, в качестве суда, мы будем преданы в руки этих самых сил.

Альтернатива, стоящая перед нами, четко выражена в Послании к Римлянам 12:21: *«Не будь побежден злом, но побеждай зло добром»*. Есть только два варианта: или победить, или оказаться побежденным, – третьего не дано. Мы можем использовать добро, предоставленное Богом в наше распоряжение, чтобы побеждать зло, противостоящее нам. Но если мы окажемся неспособными сделать это — то зло, в свою очередь, победит нас. Эта мысль особенно насущна и своевременна для тех, кто живет в странах, где еще есть возможность свободно провозглашать и исповедовать христианскую веру. Есть много стран, где христиане уже утратили эту свободу. В то же время, миллионы людей систематически подвергаются доктринальной обработке, заражаясь ненавистью и презрением к христианству и всему, что с ним связано. Поэтому для людей, прошедших эту обработку, нет большего удовольствия, чем попирать тех христиан, которые свободны от их ярма.

Если мы внимем предупреждению Христа и будем выполнять свою функцию, как соль земли, то будем иметь силу предотвратить это. Но если мы пренебрежем своими обязанностями и, в результате чего, подвергнемся страданиям, то самое горькое, что надо будет признать в таком случае: *не было никакой необходимости в том, чтобы это случилось!*

Глава 2

ЦАРСТВО СВЯЩЕННИКОВ

Бог вверил нам — Своему верующему народу на земле — власть, посредством которой мы можем влиять на судьбы народов и их правительств. Он ожидает, что мы будем использовать эту власть для Его славы, а также для нашего собственного блага. Если мы не оправдаем Его ожиданий, на нас падет ответственность за последствия. Об этом ясно свидетельствует текст Священного Писания, как давая прямые наставления, так и приводя соответствующие исторические примеры. В последующие века, после написании Библии, это нашло подтверждение, как в личном опыте многих верующих, так и истории целых народов. Далее мы рассмотрим примеры недавних событий мировой истории, а также взятые из исторических документов Америки. Но, прежде чем сделать это, в данной главе мы изучим основание этой власти, раскрытое в Священном Писании.

Божьи слова в человеческих устах

Наглядным примером является судьба пророка Иеремии. В первых десяти стихах Книги пророка Иеремии Бог провозглашает, что Он поставил Иеремию *«пророком для народов»*. Иеремия пытается возразить, оправдываясь своей неспособностью справиться с этой ролью: *«Я не умею говорить, ибо я еще молод»*. Однако, Бог вновь подтверждает Свой призыв в более сильных выражениях и заключает словами: *«Смотри, Я*

поставил тебя в сей день над народами и царствами,
чтобы искоренять и разорять, губить и разрушать
(ниспровергать), созидать и насаждать» (Иеремия
1:10).

Какая высокая позиция для молодого человека —
«стоять над народами и царствами»! Эта власть находится выше уровня естественных сил, формирующих
политику на земле. Если смотреть естественными гла-
зами, то последующая судьба Иеремии дает мало осно-
ваний наблюдать в его жизни эту власть. Напротив, его
слово практически всегда отвергалось, и сам он постоянно испытывал унижения и преследования. Несколько
месяцев он томился в темнице, и время от времени был
близок к физической смерти, как от гонений, так и от
голода.

Однако власть Иеремии и его слова были подтвер-
ждены ходом истории. Его пророчества определили
судьбу Израиля и почти всех окружающих народов
Ближнего Востока, также как и народов, населяющих
другие части мира. Прошло 2500 лет и в свете истории
мы можем дать объективную оценку. На протяжении
всех этих веков судьба каждого из этих народов в точности соответствовала предсказанному Иеремией. Чем
тщательней мы сравниваем их последующую историю с
пророчествами Иеремии, тем яснее мы видим это полное соответствие. Следовательно, Иеремия действительно был поставлен *«над народами и царствами»*, и через
свое пророческое слово, он фактически был тем, кто
определял их судьбу.

Что было основанием такой удивительной власти?
Ответ мы находим в Книге пророка Иеремии 1:9: *«И*
сказал мне Господь: вот Я вложил слова Мои в уста
твои». Власть содержалась в словах Самого Бога, которые были вверены Иеремии. Именно потому, что слова,
произносимые Иеремией, не были его собственными,
но были даны ему Богом, они имели такую же власть

в устах Иеремии, как если бы их произнес Сам Бог. Во всех земных делах последнее слово всегда остается за Богом. Но порой это слово вкладывается Богом в уста человека. Такое слово может быть вдохновенным публичным пророчеством или же наделенным властью толкованием Священного Писания. Но, видимо, чаще всего, оно высвобождается в тайной молитвенной комнате, прошениях и ходатайствах.

Важно увидеть, что положение Иеремии по отношению к правительству своей страны имело две стороны. С одной стороны, на естественном уровне он, будучи обычным подданным иудейского царства, подчинялся верховной власти своей страны, представленной в лице царя и князей. Он никогда не проповедовал и не пытался осуществить политического ниспровержения правительства и не призывал к анархии. Он не пытался уклоняться от указов властей или сопротивляться им в отношении себя самого, даже когда порой они были явно несправедливыми. Однако, в духовном плане и на сверхъестественном уровне, на который Бог поставил его через пророческое служение, Иеремия осуществлял власть над теми правителями, которым подчинялся на человеческом уровне.

Со Христом на Престоле

Жизнь Иеремии иллюстрирует принцип, который более полно раскрыт в Новом Завете: *каждый христианин имеет двойное гражданство.* Через физическое рождение он принадлежит земной стране и подчиняется всем законам и требованиям правительства своего народа. Но благодаря духовному рождению, через веру в Иисуса Христа, он стал подданным Божьего Небесного Царства. Именно об этом принципе говорит апостол Павел, на слова которого мы ссылались в предыдущей главе: *«Наше же жительство — на небесах...»* (Филиппийцам 3:20).

Как имеющий жительство на Небесах, христианин подчиняется законам Небесного Царства и также призван осуществлять власть своего Царства. Это то Царство, о котором Давид говорит в Псалме 102:19: *«Господь на небесах поставил престол Свой и царство Его всем обладает (всем правит)»*.

Божье Царство находится выше всех других царств и всех сил, действующих на земле. Бог желает поделиться властью Своего Царства со всеми верующими в Него. В Евангелии от Луки 12:32 Иисус ободряет учеников, уверяя их: *«Не бойся, малое стадо! ибо Отец ваш благоволил дать вам Царство»*.

Сами слова этого утешающего обетования свидетельствуют о том, что оно не зависит от силы и численности стада, поскольку речь идет о малом стаде *«овец среди волков»* (Матфея 10:16). Уверенность, что Царство принадлежит нам, основано на благой воле Отца, воле Того, Кто совершает все *«по изволению воли Своей»* (Ефесянам 1:11).

Наше положение в Царстве Божьем, как христиан, определяется нашими взаимоотношениями со Христом. Павел так объясняет это в Послании к Ефесянам 2:4-6 (Новый английский перевод Библии):

> *«Бог, богатый милостью, по Своей великой любви, которою возлюбил нас, и нас, мертвых по преступлениям, оживотворил со Христом, — благодатью вы спасены, — и воскресил с Ним, и посадил на небесах во Христе Иисусе»*

Божья благодать отождествления нас со Христом имеет три последующие фазы. Во-первых, *«нам дана жизнь»*, — мы разделяем со Христом Его жизнь. Во-вторых, *«мы воскрешены»*, когда Христос воскрес, восстал из мертвых, — мы разделяем Христово воскресение. В-третьих, *«мы посажены на престоле»* Небесного Царства, — мы разделяем со Христом царскую власть. Обо всем этом сказано в прошедшем времени, как о свершившемся факте. *Каждая из этих трех фаз стала возможной не благодаря нашим усилиям или заслугам, но исключительно благодаря принятию через веру нашего отождествления со Христом.*

В Послании Ефесянам 1:20-21 Павел описывает положение той высшей могущественной власти, в которую Христос был облечен Отцом: «*...воскресив Его из мертвых и посадив одесную Себя на небесах, превыше всякого начальства и власти, и силы и господства, и всякого имени...*».

Власть Христа, уже сейчас восседающего одесную Бога, не отменяет все другие формы власти и правления, но она преобладает над ними. Та же истина отражена в книге Откровение, где Христос именуется титулом «*Царь царей и Господь господствующих*» (17:14, 19:16). Христос является Верховным Правителем над всеми начальствами и властями. Это положение на Престоле Он разделяет со Своим верующим народом. Как мы оценим величину того, что стало доступным для нас благодаря Ему? Если мы поднимемся на два стиха выше, то найдем ответ в молитве Павла в Послании Ефесянам 1:17-20:

> «*...чтобы Бог Господа нашего Иисуса Христа, Отец славы, дал вам Духа премудрости и откровения к познанию Его, и просветил очи сердца вашего, дабы вы познали..., как безмерно величие могущества Его в нас, верующих по действию державной силы Его, которою Он воздействовал во Христе, воскресив Его из мертвых и посадив одесную Себя на небесах...*».

Это откровение не может быть плодом наших естественных размышлений или чувств. Оно приходит только Святым Духом. Он — Единственный, Кто «*просвещает очи сердца нашего*» и показывает нам две взаимосвязанные истины: во-первых, что власть Христа — отныне установлена над всей Вселенной; во-вторых, что та же сила, которая утвердила Христа на позиции власти, ныне действует и в нас, верующих в Него.

Во второй главе 1-го послании Коринфянам Павел начинает изложение этих истин, которые открываются христианам только Святым Духом (1-е Кор. 2:7-10): *«...но проповедуем премудрость Божию, тайную, сокровенную, которую предназначил Бог прежде веков к славе нашей, которой никто из властей века сего не познал; ибо, если бы познали, то не распяли бы Господа славы».*

Эта *«тайная и сокровенная премудрость»* открывает Христа, как *«Господа славы».* Она дает нам осознание *«славы нашей»,* так как открывает, что в нашем отождествлении с Ним мы разделяем Его славу. Павел продолжает: *«...но, как написано: "не видел того глаз, не слышало ухо, и не приходило то на сердце человеку, что приготовил Бог любящим Его". А нам Бог открыл это Духом Своим...»*

Павел снова подчеркивает, что знание такого рода не передается через чувства и не происходит из внутренних источников человеческого разума или воображения, но приходит исключительно через просвещение Духом Святым. В стихе 12 подведен итог: *«...но мы приняли не духа мира сего, а духа от Бога, дабы знать дарованное нам от Бога...».*

Помимо прочего, нам дано Богом наше положение во Христе Иисусе одесную Отца. Павел противопоставляет здесь два источника познания. *«Дух мира»* открывает нам принадлежащее этому миру, — через него мы сознаем наше земное гражданство со всеми вытекающими правами и обязанностями. В то время как *«Дух от Бога»* открывает нам Царство Христа и место, занимаемое нами в этом Царстве, — благодаря этому мы осознаем наши права и обязанности в качестве подданных

Небесного Царства.

Если порою наше положение со Христом на Престоле кажется нам чем-то нереальным, то причина этого очень проста, — мы не приняли откровение, которое Дух Святой дает нам через Писание. Без такого откровения мы не можем ни понять, ни воспользоваться преимуществами нашей принадлежности Небесам. Вместо осознания себя правящими царями, мы все еще обнаруживаем себя в рабстве.

От рабского положения к царскому достоинству

С самого начала Бог намеревался разделить с человеком Свою власть над землей. В Бытии 1:26 утверждена первоначальная цель сотворения человека: *«И сказал Бог: сотворим человека по образу Нашему, по подобию Нашему; и да владычествуют они... над всею землею...».*

Адам и его потомки, в результате своего непослушания, утратили эту власть. Вместо владычества в послушании, будучи царями, они покорились, в качестве рабов, греху и сатане.

Однако, власть, потерянная для всего человечества через Адама, восстановлена для верующего во Христа. Послание Римлянам 5:17:

«Ибо, если преступлением одного (Адама) смерть царствовала посредством одного, то тем более приемлющие обилие благодати и дар праведности будут царствовать в жизни посредством единого Иисуса Христа».

Следствия непослушания Адама и Христова послушания явлены в настоящем веке. Как из-за Адама смерть сегодня царствует над неверующими. Так благодаря Христу верующие уже сейчас царствуют в жизни. Через наше единение со Христом, мы уже посажены с Ним на Престоле и ныне царствуем там вместе с Ним.

Божья цель в искуплении человека отражает Его первоначальную цель сотворения человека. Божья искупительная благодать поднимает человека из его рабского положения и восстанавливает его в позиции власти. В Ветхом Завете это было открыто во время избавления Израиля от египетского рабства. В книге Исход 19:6 Бог объявляет Израилю цель, ради которой Он искупил их: *«А вы будете у Меня царством священников и народом святым».*

Словосочетание *«Царство священников»* свидетельствует о восстановленном владычестве: царство вместо рабства. Бог предложил Израилю двойную привилегию: 1) служить в качестве священников, и 2) править в качестве царей. Далее мы рассмотрим некоторые примеры великих святых Израиля, таких, как Даниил, которые заняли это высокое положение. Тем не менее, в большинстве своем, народ Божий не смог принять обетований Божьей благодати.

В Новом Завете, для искупленных верою во Христа, Бог объявляет это призвание, первоначально данное Им Израилю. В 1-м послании Петра 2:5 христиане названы *«священством святым».* Их служение, как священников Нового Завета, заключается в том, *«... чтобы приносить духовные жертвы, благоприятные Богу Иисусом Христом».* *«Духовные жертвы»*, приносимые христианами, имеют самые разные формы, особенным образом отмечаются поклонение и ходатайство. Затем, в 1-м Петра 2:9, христиане названы *«царственным священством».* Фраза *«царственное священство»* в точности соответствует фразе *«царство священников»* из книги Исход 19:6.

В книге Откровение тот же самый оборот дважды употребляется по отношению к искупленным верою в

Иисуса Христа. В Откровении 1:5-6 мы читаем: «*..Ему (Иисусу Христу), возлюбившему нас и омывшему нас от грехов наших Кровию Своею и соделавшему нас царями и священниками Богу и Отцу...*». И снова, в Откровении 5:9-10: «*...и Кровию Своею искупил нас Богу... и соделал нас царями и священниками Богу нашему...*».

Итак, намерение Бога — сделать Свой искупленный народ «*царством священников*» — это намерение утверждено четыре раза в Писании: один раз в Ветхом Завете и трижды в Новом Завете. Во всех трех примерах Нового Завета Божье намерение представлено не как нечто, что должно произойти в будущем, но как уже свершившийся факт, через наше положение во Христе, как христиан.

Наше правление осуществляется через молитву

В Псалме 109:1-4 Давид описывает образ Христа, облеченного властью Царя и Священника, Который правит вместе со Своим верующим народом. Каждая деталь этой картины имеет значение и заслуживает глубокого внимания. Вдохновенный язык и образы, использованные Давидом, должны быть истолкованы в свете обращения к другим соответствующим местам Писания.

В первом стихе нам дано откровение о Христе, как о Царе, посаженном на Престоле одесную Бога. Псалтирь 109:1: «*Сказал Господь Господу моему: седи одесную Меня, доколе положу врагов Твоих в подножие ног Твоих*».

Нет другого стиха из Ветхого Завета, который бы цитировался в Новом Завете чаще, чем этот. В трех Евангелиях Иисус цитирует слова Давида и применяет их к Себе (Матфея 22:44; Марка 12:36; Луки 20:42-43). Их также использует Петр в своей вдохновенной проповеди об Иисусе в День Пятидесятницы (Деяния 2:34-35).

Истина о царственности Христа выражена также и Давидом в Псалме 2:6, где Отец провозглашает: *«Я помазал Царя Моего над Сионом, святою горою Моею»*.

Этот образ, данный Давидом, дополнен изображением Христа, как Священника в Псалме 109:4: *«Клялся Господь, и не раскается: Ты священник вовек по чину Мельхиседека»*. Все учение Послания к Евреям о священничестве Христа основано на этом стихе. Это Послание подчеркивает, что Мельхиседек соединял в себе две функции: царя и священника. Мельхиседек был *«священником Бога Всевышнего»*. Кроме того, само значение его имени можно перевести, как: *«царь правды, а потом и царь Салима, то есть, царь мира»* (Евреям 7:2).

Такое двойное служение ныне осуществляет Христос, восседая одесную Бога: как Царь — Он правит; как Священник — Он ходатайствует: *«...будучи всегда жив, чтобы ходатайствовать...»* (Евреям 7:25).

В Псалме 109:2 описано, каким образом осуществляется царственная власть Христа: *«Жезл силы Твоей пошлет Господь с Сиона: господствуй среди врагов Твоих»*.

Подобная ситуация в мире наблюдается и сегодня. Враги Христа еще окончательно не сломлены, не покорены, и все еще активно действуют, противоборствуя Его Господству и Его Царству. Однако Христос был превознесен и получил власть над всеми ими. Поэтому Он *«господствует среди врагов Своих»*.

Давид говорит о *«жезле силы Его»*. Это то, посредством чего Христос правит. Согласно Писанию жезл — это выражение верховной власти. Когда Моисей протягивал свой жезл, Божьи казни приходили на Египет, а затем воды Чермного моря расступились перед Израилем (7-14 главы Исход). Также и Аарон, как первосвященник и глава колена левитов, обладал жезлом, на котором было вырезано его имя (Числа 7:3). То же самое относится и ко Христу. Его власть высвобождается при использовании Его имени.

В описании Давида жезл простерт не рукой Христа, но *«послан с Сиона»*. Во всем Писании, с начала и до конца, *Сион* — это место собрания Божьего народа. Послание Евреям 12:22-23 говорит о христианах: *«но вы приступили к горе Сиону... к торжествующему собору первенцев, написанных на небесах...»*. По праву нашей принадлежности Божьему Царству, мы занимаем свое место в этом соборе — собрании на Сионе.

Здесь уже мы выполняем нашу функцию в двойном служении Христа. Как цари, мы правим вместе с Ним. Как священники, мы принимаем участие в Его служении ходатайства и молитвы. Мы никогда не должны стремиться разделить эти две функции. Если мы правим как цари, то мы должны и служить как священники. Осуществление нашего священнического служения является ключом к употреблению нашей царственной власти. Именно через молитву и ходатайство мы осуществляем власть, данную нам в имени Иисуса.

Как замечательно этот образ, данный Давидом, символизирует молитвенное служение Церкви! В мире на каждом шагу неистовствуют силы зла, отвергая власть Христа и сопротивляясь распространению Его Царства. Однако, находясь *среди врагов*, христиане собраны по Божественному установлению, как цари и священники. Из среды их собрания простирается жезл царственной власти Христа, правящий во имя Его, согласно их молитвам. И всегда, в каком бы направлении ни простирался этот жезл, силы зла вынуждены подчиняться, а Христос прославляется и Его Царство приближается.

Все христиане ожидают того дня, когда враги Господа будут окончательно повержены, и Он будет явлен и признан всеми как Царь Вселенной. Библия обещает, что такой день наступит. Но пусть слава, которая обещана в будущем, не затмит нам реальность нынешнего положения Христа, Который уже находится одесную Отца. *Христос господствует даже сейчас, «среди Своих врагов», и мы господствуем вместе с Ним.* Именно на нас возложена ответственность осуществлять эту власть, данную нам в Его имени, и перед лицом всех сил тьмы мы должны являть, что Христос уже сейчас является *«Царем царей и Господом господствующих»*.

Глава 3

МОЛИТЬСЯ ЗА СВОЕ ПРАВИТЕЛЬСТВО

Христос — *«Царь царей и Господь господствующих»*. Он правит всеми земными правителями и стоит над всеми земными начальствами. Его власть над всеми земными правительствами, заключенная в Его имени, стала доступной для Церкви — собранию верующего Христового народа. Моисей протягивал свой жезл, осуществляя Божьи суды над Египтом. Так Церковь, своими молитвами, осуществляет Христову власть над народами и их правительствами.

Хорошее правительство соответствует Божьему желанию

Павел наставляет Тимофея относительно надлежащего порядка и организации в поместной церкви, которую он называет *«домом Божиим»* (1-е Тимофею 3:14-15). Во второй главе своего послания он дает указания о церковном молитвенном служении. 1-е Тимофею 2:1-4:

«Итак, прежде всего прошу совершать молитвы, прошения, моления, благодарения за всех человеков, за царей и за всех начальствующих, дабы проводить нам жизнь тихую и безмятежную во всяком благочестии и чистоте; ибо это хорошо и угодно Спасителю нашему Богу, который хочет, чтобы все люди спаслись и достигли

познания истины».

В первую очередь Павел призывает к *«молитвам, прошениям, молениям и благодарениям...».* Итак, если назвать все перечисленные здесь формы обращения к Богу одним словом, то здесь речь идет о *молитвах.* Таким образом, первой обязанностью христиан, собирающихся для общения, является молитва. Это не только обязанность, но и их главная сила.

Во втором стихе Павел говорит, что молитвы должны совершаться *«за всех человеков».* Это вполне согласуется с пророчеством Книги пророка Исаии 56:7, где Бог говорит: *«...ибо дом Мой назовется домом молитвы для всех народов».* Бог принимает участие *«во всех человеках»* и во *«всех народах»* и ожидает от Своего народа, чтобы тот разделил с Ним это участие. Как противоречит такому отношению к молитве позиция номинальных христиан, чьи молитвы скудны и сосредоточены лишь на себе. Кто-то хорошо спародировал молитву обычного члена церкви: *«Боже, благослови меня и мою жену, моего сына Ивана и его жену — нас и его — и больше никого! Аминь!».*

После молитвы *«за всех человеков»* следует молитва *«за царей и всех начальствующих».* В таких странах, как Соединенные Штаты, где нет монархии, слово *«цари»* не подходит. Однако, в любом случае, является ли правительство монархическим или нет, фраза *«за всех начальствующих»* указывает на тех, кто несет ответственность за управление народом. Можно суммировать это одним словом — *правительство.*

Следовательно, первой особой темой молитвы, заповеданной Богом для Своего народа, собранного в общении, является молитва за правительство. Многолетний опыт свидетельствует мне, что большинство христиан не придают серьезного значения этой теме. Молитва за правительство не только не стоит на первом месте в их списке молитвенных нужд, — она вообще редко попадает туда! Они более или менее регулярно молятся за больных, проповедников, миссионеров, евангелистов, необращенных, военнослужащих, — за все, что угодно и за всех, кого угодно, кроме тех, за которых Бог хочет прежде всего — за правительство. Не будет преувеличением сказать, что многие из тех, кто считает себя посвященными христианами, никогда серьезно не молятся за правительство своей страны. Они не делают этого даже раз в неделю!

Когда мы молимся за правительство, какое особое прошение нам предлагается сделать? Ответ Павла таков: «*...дабы нам проводить жизнь тихую и безмятежную во всяком благочестии и чистоте*». Оказывает ли правительство, под властью которого мы находимся, влияние на наш образ жизни? Безусловно, да. Поэтому, если мы хотим проводить нормальную жизнь, логика и личная заинтересованность подсказывают, что мы должны молиться за правительство.

Это по-новому открылось мне, когда я принял американское гражданство. Подобно всем желающим принять это гражданство, меня обязали изучить основные принципы и цели Конституции этой страны. Исследуя все это, я задался вопросом: «*Какова была истинная цель тех, кто стоял у истоков принятия этой Конституции?*» Я сделал вывод, что их цели могли быть с абсолютной точностью сформулированы словами Павла: «*...дабы нам проводить жизнь тихую и безмятежную во всяком благочестии и чистоте*». Авторы Конституции стремились создать государство, которое ставит высшей своей целью защиту законных интересов всех своих граждан от вмешательства со стороны других граждан и самого государства. Судя по стилю, большинство (если не все) из тех, кто составляли проект Конституции, сознавали возможность существования такого государства только при высшем покровительстве и благоволении Всемогущего Бога. Граждане-христиане

Соединенных Штатов должны быть всегда благодарны, что основополагающий документ их страны в точности согласуется с целями и принципами, установленными в отношении правительства Писанием.

Продолжая эту мысль во второй главе Первого послания к Тимофею, Павел пишет в третьем стихе: *«... ибо это хорошо и угодно Спасителю нашему Богу».* Слово *«это»* отсылает назад к теме второго стиха, которую мы выразили как *«хорошее правительство».* Если мы заменим слово *«это»* фразой, к которой оно относится, мы придем к следующему выражению: *«Хорошее правительство - оно хорошо и угодно Богу».* Еще проще: *«Хорошее правительство отвечает воле Божьей».*

Здесь мы видим утверждения с далеко идущими последствиями. Действительно ли мы верим в это? Судя по словам и действиям многих христиан, они не ожидают или почти не ожидают хорошего правительства. Они в той или иной мере согласились с тем, что правительство не может быть другим, как только: неэффективным, расточительным, самовластным, коррумпированным и несправедливым. Что касается лично меня, то я долго и тщательно изучал этот вопрос в свете логики и Писания и пришел к глубокому убеждению относительно воли Божьей в этой области: *Бог желает хорошего правительства.*

Почему Бог желает хорошее правительство?

Переходя к четвертому стиху, мы находим, что Павел говорит о причине, почему хорошее правительство отвечает желанию Бога: потому что Бог *«...хочет, чтобы все люди спаслись и достигли познания истины».* Бог хочет спасения всех людей настолько сильно, что Он сделал это возможным не смотря на то, что для этого потребовалась величайшая жертва в истории — искупительная смерть Иисуса Христа на кресте. Через веру в искупление Христа, спасение стало доступным всем людям. Однако, чтобы *«спастись»*, люди, вначале, должны *«достигнуть познания истины»* относительно искупления Христа. Это возможно, если только им будет проповедано Евангелие. Павел излагает эту проблему очень просто в Послании к Римлянам 10:13-14:

> *«Ибо «всякий, кто призовет имя Господне, спасется». Но как призывать Того, в Кого не уверовали? Как веровать в Того, о Ком не слышали? Как слышать без проповедующего?»*

Если Евангелие не будет проповедано повсюду, люди не смогут воспользоваться спасением, приобретенным для них жертвой Христа.

Мы можем очень просто подвести итог сказанному. Бог хочет, чтобы *«все люди спаслись»*. Для этого им необходимо *«достигнуть познания истины»*. Достижение познания истины происходит только через проповедь Евангелия. Итак, Бог хочет, чтобы Евангелие было проповедано всем людям.

Остается только проследить связь между хорошим правительством и проповедью Евангелия. Мы можем сделать это, задав себе простой вопрос: *«При каком правительстве легче проповедовать Евангелие? При хорошем правительстве или при плохом?»* Чтобы найти ответ на такой вопрос, мы можем кратко сопоставить действия хорошего и плохого правительства в отношении проповеди Евангелия.

С одной стороны, хорошее правительство поддерживает закон и порядок, способствует нормальному общению людей, охраняет гражданские права, защищает свободу слова и свободу собрания (примечательно, что почти все эти права и свободы включены в Конституцию Соединенных Штатов). Короче говоря и не вдаваясь в религиозную полемику, хорошее правительство обеспечивает благоприятные условия, в которых Евангелие может эффективно проповедоваться.

С другой стороны, плохое правительство допускает нарушение порядка, препятствует открытости и нормальному общению людей, навязывает несправедливые запреты и ограничения. Во всех этих направлениях, хотя и в разной степени, плохое правительство либо подавляет, либо совершенно запрещает суверенное право каждого человека верить в Бога, исповедовать свою веру открыто. В той или иной степени, мы видим такое положение вещей в странах с коммунистическим правлением.

Поэтому, мы делаем вывод, что хорошее правительство облегчает проповедь Евангелия, в то время как плохое правительство препятствует этому. По этой причине хорошее правительство отвечает желанию Бога.

Теперь мы подошли к тому, чтобы изложить суть наставления 1-го Тимофею 2:1-4, как ряд простых логических выводов:

1. Первым и главным служением верующих, собирающихся с целью регулярного общения, является *молитва*.

2. Первым, особенным направлением для молитвы, должна быть *молитва за правительство*.

3. Наша обязанность — молиться за *хорошее правительство*.

4. Бог желает, чтобы всем людям проповедовалась истина Евангелия.

5. Хорошее правительство способствует проповеди Евангелия, тогда как плохое — препятствует.

6. Следовательно, хорошее правительство отвечает воле Божьей.

Молитва с осознанием воли Божьей

Заключительный вывод, из приведенных выше рассуждений, имеет далеко идущие последствия для наших молитв. Для эффективности молитвы решающим фактором является знание воли Бога. Если мы знаем, что просимое нами согласуется с волей Божьей, то мы верим, что получим по нашей молитве. Но, если в нас нет уверенности в воле Божьей, то молитвы наши нетвердые и безрезультатные. В Послании Иакова 1:6-7 содержится предупреждение, что молитвы сомневающегося не будут отвечены: «*...потому что сомневающийся подобен морской волне, ветром поднимаемой и развеваемой: да не думает такой человек получить что-нибудь от Господа*».

С другой стороны, Иоанн описывает уверенность, которая приходит от знания Божьей воли. 1-е Иоанна 5:14-15:

> «*И вот, какое дерзновение мы имеем к Нему, что, когда просим чего по воле Его, Он слушает нас; а когда мы знаем, что Он слушает нас во всем, чего бы мы ни попросили, — знаем и то, что получаем просимое от Него*».

Смысл этого наставления Иоанна в том, что когда мы просим в полном согласии с волей Бога, мы можем не сомневаться, что «*получаем*», чего бы мы ни просили. Использование глагола настоящего времени «*получаем*», не обязательно означает немедленное появление того, о чем мы просили, но это означает немедленную уверенность, что это уже дано нам Богом. С этого момента промежуток времени, требуемый для фактического появления просимого, не имеет значения и не может повлиять на первоначальную уверенность.

Это полностью согласуется с местом Писания из Евангелия от Марка 11:24: «*Потому говорю вам: все,*

*чего ни будете просить в молитве, верьте, что полу-
чите, — и будет вам».*

Получение происходит в момент *прошения*. После
этого, фактическое появление того, что мы получили,
последует в нужное время.

Суть наставления Иоанна в этих стихах кратко
может быть изложена следующим образом:

1. Если мы уверены, что молимся за что-то по воле
   Божьей, то знаем, что Он слышит нас.
2. Если мы знаем, что Бог слышит нас, то знаем,
   что *получаем* просимое (внутренняя уверенность в исполнении, конечно же, не подразумевает немедленное исполнение).

Чтобы в полной мере осознать, чего мы можем
достичь нашими молитвами за правительство, нам нужно сопоставить слова Иоанна с наставлением Павла.
Результат будет следующим:

1. Если мы молимся за что-то, зная, что это согласуется с волей Божьей, то имеем уверенность,
   что просимое дается нам.
2. Хорошее правительство отвечает воле Бога.
3. Если мы понимаем это и молимся за хорошее
   правительство, то имеем уверенность, что хорошее правительство дается нам.

Почему тогда большинство современных христиан
не имеют уверенности в хорошем правительстве? На это
может быть только две причины: либо они вообще не
молятся за хорошее правительство, либо они молятся,
но не знают, что это воля Божья.

Эти выводы, сделанные на основе Писания, подтвер-
ждаются моими личными наблюдениями. Многие христиане сегодня вообще серьезно не молятся за хорошее
правительство, а те немногие, которые молятся, едва

ли имеют твердую уверенность в обоснованности таких молитв. Какое бы из этих утверждений не подходило к данной ситуации, вывод остается тот же: Бог открыл христианам возможность через молитву обеспечить себе хорошее правительство. Христиане, которые пренебрегают этой Богом данной властью, несут на себе серьезную вину — и по отношению к Богу, и по отношению к своей стране.

Будучи воспитан в Британии, я часто удивлялся тому, как американцы отзываются о своем правительстве и его представителях. Не знаю ни одной европейской страны, где люди позволяли бы себе говорить о политических деятелях с подобным неуважением, какое постоянно слышишь в Америке. Ирония в том, что страны с выборным правительством, которые постоянно критикуют своих правителей, фактически критикуют самих себя, так как в их власти посредством выборов сменить правителей и заменить их другими. Это вдвойне касается христиан в тех странах, поскольку кроме естественной политической структуры, они имеют в своем распоряжении данную им Богом власть, чтобы через молитвы осуществить желанные перемены, будь то смена отдельных деятелей, либо изменение курса всей политики.

Истина в том, что христиане не уполномочены Богом критиковать свое правительство, но они несут ответственность молиться за него. Поскольку они несут ответственность ходатайствовать и молиться за правительство, то они не имеют права критиковать его. В действительности, большинство политических лидеров и управляющих намного добросовестнее в своих мирских обязанностях, чем многие христиане в своих духовных обязанностях. Более того, если христиане начнут серьезно ходатайствовать, то вскоре обнаружат, что становится меньше причин для критики.

Убежден, что корень проблемы для большинства

христиан не в недостатке желания, а в недостатке понимания. Итак, прежде всего, давайте уясним Библейский факт: Бог желает видеть хорошее правительство. Это не только даст нам веру, но и поможет христианам увидеть необходимость эффективно молиться за правительство.

Глава 4

ПРАВИТЕЛИ — БОЖЬИ СТАВЛЕННИКИ

В политике, как во многих других областях деятельности, люди постоянно стремятся к продвижению. Однако некоторые задаются вопросом: Откуда в действительности приходит возвышение? Какая сила возводит людей на позиции власти, или же смещает их с этих высот?

Возвышение приходит от Бога

Ясный Библейский ответ мы находим в Псалме 74:5-8:

> *«Говорю безумствующим: «не безумствуйте», и нечестивым: «не поднимайте рога, не поднимайте высоко рога вашего, не говорите жестоковыйно». Ибо не от востока и не от запада и не от пустыни возвышение; но Бог есть судия: одного унижает, а другого возносит».*

Псалмопевец предостерегает людей от самоуверенности и надменности. Выражение *«поднимать рог»* свидетельствует о стремлении к личному превозношению. Фраза *«говорить жестоковыйно»* означает хвастливую самоуверенность. Однако, это не путь к возвышению. Действительно, возвышение приходит не с земного уровня. Мы можем истолковать три, упомянутых в вышеприведенном отрывке, направления — *восток, запад* и *юг* — как представляющих разные источники, в которых люди склонны искать политического возвышения. Это — богатство, образование, социальное положение, влиятельные связи и военная сила. Стремление возвыситься такими путями означает — *«безумствовать». Возвышение приходит от Бога.* Он — один, Кто возносит и унижает.

В записях Джона Ф. Кеннеди (где он размышляет над списком из 37 человек, которые были президентами США до него) мы находим наглядное подтверждение того, что источник политической силы находится вне людей, которые употребляют ее:

«Данное изучение природы власти подтверждает урок нашей истории, что не существует программы специальной подготовки для должности президента; и нет специфической области знания, дающей соответствующие навыки. Качества крупного политического деятеля, главы государства, не определяются его происхождением из какой-то одной части страны, или его принадлежностью к какому-либо социальному слою. Девять из наших президентов, и среди них некоторые особо выдающиеся, вообще не учились в колледже; тогда как Томас Джефферсон был крупнейшим ученым своего века, а Вудро Уилсон — президентом Принстонского университета. У нас были президенты бывшие: адвокатами, военными, учителями. Один был инженером, еще один журналистом. Одни происходили из самых богатых и знаменитых семей страны и были такие, корни которых теряются в бедности и неизвестности. Некоторые, казалось богато одаренные большими способностями, были неспособны справиться с требованиями занимаемого положения, в то время как другие достигали силы, далеко превосходившей всякие ожидания (1962, Нью-Йорк)».

Если мы обратимся к летописи царей Израильских, то не найдем никого другого, кто совершил бы более блистательное восхождение, чем Давид. Будучи вначале всего лишь простым мальчиком-пастухом, он закончил свои дни увенчанным славой и победами могущественным монархом. В отличие от многих других людей, достигших политической силы, Давид понимал, в чем был источник его успеха. В молитве, с которой он обращался к Богу на склоне своих лет, Давид приписывал достигнутое им величие исключительно Богу: *«И богатство и слава от лица Твоего, и Ты владычествуешь над всем; и в руке Твоей сила и могущество; и во власти Твоей возвеличить и укрепить все»* (1-е Пар. 29:12). Счастлив и мудр тот правитель, который знает, в чем действительный источник его силы!

Даниил — другой великий Библейский муж, которому открылся истинный источник политической силы. Призванный царем Навуходоносором угадать и растолковать его сновидения, Даниил и его товарищи искали Бога в усердных молитвах и получили ответ через прямое откровение (Даниил 2:17-19). В ответ на это Даниил вознес молитвы благодарности и признания (2:20-21):

> *«Да будет благословенно имя Господа от века и до века, ибо у Него мудрость и сила; Он изменяет времена и лета, низлагает царей и поставляет царей, дает мудрость мудрым и разумение разумным...»*

В четвертой главе книги Даниила, пророк снова вызван истолковать сон царя Навуходоносора. Поняв значение сна, Даниил говорит царю (4:14):

> *«Повелением Бодрствующих это определено, и по приговору Святых назначено, дабы знали живущие, что Всевышний владычествует над царством человеческим и дает его, кому хочет, и поставляет над ним уничиженного между людьми».*

Бог хочет, чтобы люди познали, что Он есть верховный Владыка и Правитель над всеми делами, и земные правители возвышаются только по Его воле. И более того, порой Ему угодно поставить на высоту *«уничиженного между людьми»*.

Как Бог использует земных правителей?

Почему Бог возносит *«самого уничиженного»* из людей? Ответ можно найти в истории жизни Навуходоносора. Бог использует земных правителей как орудия наказания для Своего собственного народа. Еврейский народ постоянно противился Богу и, уклоняясь от Его заповедей, поклонялся иным богам и творил несправедливость. Поэтому, после многочисленных предупреждений, Бог воздвиг против них жестокого языческого царя — Навуходоносора. Этот языческий царь предпринял ряд последовательных репрессивных мер (которые становились все жестче). Сначала он захватил Иерусалим, переселил большинство пленных евреев в Вавилон, а на оставленных наложил дань. В конце концов, он разрушил весь Иерусалим с его храмом и изгнал весь народ с их земли. Даже в своем языческом ничтожестве Навуходоносор стал орудием для наказания неверного и упорного еврейского народа.

Однако пример с Навуходоносором показывает с исключительной ясностью, как Божья благодать и сила могут превратить орудия наказания в орудия милосердия. Когда Даниил и его товарищи искали Бога в горячей молитве, Бог изменил сердце Навуходоносора. По причине особой мудрости, данной Богом Даниилу, царь возвысил его и его товарищей и дал им самое высокое положение. Три товарища Даниила были назначены наместниками крупных провинций в Вавилоне, а сам

Даниил стал первым министром всего Вавилонского царства, вторым по могуществу человеком, после самого царя. Эта радикальная перемена Навуходоносора в отношении к личностям, а также ко всему еврейскому народу, была вызвана молитвами Даниила и его друзей.

Карьера Даниила, подобно Давиду, является сама по себе примером того, как Бог способен незначительное поднять до положения большой политической силы. В юности Даниил был первоначально взят в Вавилон в качестве политического заложника. Однако в течение короткого времени, он достиг положения главного министра. Даже после падения Вавилонской империи, мы находим Даниила занимающим высокую влиятельную позицию в последующем Персидско-Мидийском царстве при царях Дарии и Кире.

В шестой главе Книги Даниила дано описание его молитвенной жизни. Повествование указывает, что его правило регулярной молитвы было хорошо известно при дворе Дария. Побуждаемые ревностью, соперники Даниила ухватились за это, как за средство обвинить его в преступлении. Они убедили Дария подписать указ, согласно которому в течение 30 дней запрещалось молиться кому-либо, кроме самого царя. За непослушание полагалась смерть. Виновника бросали в ров на съедение львам. Однако его реакция была такой (6:10):

> *«Даниил же, узнав, что подписан такой указ, пошел в дом свой; окна же в горнице его были открыты против Иерусалима, и он три раза в день преклонял колена и молился своему Богу и славословил Его, как это делал он и прежде того».*

Вот какой образец предлагает Даниил для тех, кто хочет следовать ему в служении молитвы! Какой пример верности и постоянства! Его лицо было обращено к Иерусалиму. Три раза в день он молился за восстановление города и за возвращение евреев из плена в свою землю. Его непрекращающееся прошение за свой народ было делом его личного долга и представлялось ему настолько важным и безотлагательным, что даже угроза смерти не могла остановить его.

Результаты прошения Даниила отмечены во 2-м Паралипоменон 36:22-23:

«А в первый год Кира, царя Персидского, во исполнение слова Господня, сказанного устами Иеремии, возбудил Господь дух Кира, царя Персидского, и он велел объявить по всему царству своему, словесно и письменно, и сказать: так говорит Кир, царь Персидский: все царства земли дал мне Господь, Бог небесный; и Он повелел мне построить Ему дом в Иерусалиме, что в Иудее. Кто есть из вас — из всего народа Его, да будет Господь, Бог его, с ним, и пусть он туда идет».

Таким образом, Бог исполнил обещание о восстановлении Иерусалима, данное Им прежде через пророков Исаию и Иеремию. Обетование, данное через первого, записано в Книге пророка Исаии 44:26-28; а сказанное через второго, — в Книге пророка Иеремии 25:12.

Действительно, здесь мы видим наглядный пример того, как Бог меняет земные правительства в интересах Своего народа. С одной стороны, Бог привел в исполнение суд над царем Вавилонским и его народом, потому что они стояли на пути возвращения евреев в Иерусалим и препятствовали восстановлению храма (упомянутый здесь Вавилонский царь был приемником Навуходоносора). С другой стороны, Бог воздвиг на их место Кира и Мидийско-Персидское царство и сделал их орудиями милости и восстановления для евреев и Иерусалима.

За этими событиями, изменившими политику мировых империй, действовали две невидимые духовные силы: *Слово Божье, пророченное через Его пророков,* и *молитвенное ходатайство Даниила.*

Примеры того, как Бог использовал Навуходоносора и Кира в качестве Своих орудий для работы с еврейским народом, подводят нас к таким важным принципам:

1. Бог использует человеческих правителей, как орудия для осуществления Своих целей в истории, — в частности в том, как они относятся к Его собственному народу.

2. Если Божий народ упорен и непослушен, Бог поставляет над ними злых и жестоких правителей.

3. Если через покаяние и молитву Божий народ воззовет к милости Бога, Господь может осуществить перемену правительства одним или другим способом: либо сместив злого правителя, заменить его хорошим; либо изменить сердце жестокого правителя так, чтобы сделать его орудием не столько наказания, сколько милости.

«Ради вас»

Эти принципы, выведенные на основе исторических примеров Ветхого Завета, находят подтверждение в учении, данном христианам в Новом Завете. Во 2-м Коринфянам 4:15 Павел говорит: *«Ибо все для вас...»*. Взаимоотношения Бога со всем миром имеют одну высшую цель: осуществление Его планов относительно Его собственного народа, связанного с Ним через веру в Иисуса Христа. Над всеми событиями последних двух тысячелетий мировой истории Бог начертал один всеобъемлющий девиз, адресованный Своему народу: *«Ради вас...»*.

В Послании к Римлянам 13:1-5 Павел напрямую связывает этот принцип с теми, кто находится у власти:

«Всякая душа да будет покорна высшим влас-

тям; ибо нет власти не от Бога, существующие же власти от Бога установлены. Посему противящийся власти противится Божию установлению; а противящиеся сами навлекут на себя осуждение. Ибо начальствующие страшны не для добрых дел, но для злых. Хочешь ли не бояться власти? Делай добро и получишь похвалу от нее; ибо начальник есть Божий слуга, тебе на добро. Если делаешь зло, бойся, ибо он не напрасно носит меч: он Божий слуга, отмститель в наказание делающему злое. И потому надобно повиноваться не только из страха наказания, но и по совести».

Из этого отрывка мы можем выделить три утверждения, имеющих особое значение: 1) *«нет власти не от Бога»*; 2) *«начальник есть Божий слуга тебе на добро»*; 3) *«он Божий слуга, отмститель»*. Павел адресует эти слова именно христианам. Он утверждает, что правительство устанавливается актом Божьим. Как правительство будет действовать по отношению к христианам, зависит от их позиции и поведения. Если они ходят в послушании воле Божьей, тогда власти и их исполнители будут *«Божьими слугами, действующими им на добро»*. Но если христиане непокорны и уклоняются от пути Господнего, тогда власть и ее представители становятся орудием наказания. Из этого можно вывести краткое заключение: *христиане получают правительство, какое они заслуживают.*

Что если христиане обнаруживают себя под властью плохого правительства? Оно может оказаться коррумпированным, недееспособным, расточительным или, опять-таки, враждебным по отношению к христианам. Как реагировать в этом случае христианам? Слово Божье не дает права ни на жалобу, ни на непослушание. Однако Оно налагает на них серьезную ответственность молиться за свое правительство. Если они смирятся перед Богом и примут Его условия, Он услышит их молитвы и *«ради них»* совершит перемену, поставив такое правительство, которое будет проводником Его благой воли и будет действовать в лучших интересах Его народа.

Какие требования Бог предъявляет к правителям?

Поскольку во многом от молитв христиан зависит то, какого рода правительство у них будет, очень важно знать, за какое именно правительство следует молиться. Каковы основные требования, предъявляемые Богом к правителям? Ответ на этот вопрос дан Святым Духом через уста Давида во 2-й книге Царств 23:2-3 (Еврейский перевод А.Ольмана):

«Дух Господень говорит во мне, и слово Его на устах у меня. Сказал Бог Израиля, говорил мне Оплот Израиля: «Правящий людьми по справедливости, правящий в страхе Божьем подобен утреннему свету при восходе солнца, утру безоблачному, подобен сиянию после дождя, благодаря которому вырастает трава из земли».

Для правителя здесь выдвигаются два простых требования: он должен быть праведным (*праведность* и *справедливость* — в Библии это одно понятие, — *прим. ред.*) и править в страхе Божьем. Несомненно, это пророчество в первую очередь относится к Царству Христа. Тем не менее, здесь утвержден основной принцип, который применим к каждому, который осуществляет власть. Итак, мы видим два Божьих требования: чтобы он был *праведным* и *богобоязненным*. Когда такой человек приходит к власти, Бог обещает ему Свое благословение, что он будет *«подобен утреннему свету при восходе солнца, утру безоблачному, подобен сиянию после дождя, благодаря которому вырастает трава из земли».*

Простотой этих Божьих требований отсекается огромная часть мотивов и амбиций, которые мы наблюдаем в современной политике.

В Соединенных Штатах и в Британии установлена система двухпартийного правительства. В США — демократы и республиканцы. В Британии — лейбористы и консерваторы. Названия их различны, но суть одинакова. К сожалению, христиане обоих стран стали более подвержены влиянию партийной агитации и более верны своим политическим симпатиям, чем Божьим требованиям. Бог не обещает благословения правительству в соответствии с его партийной принадлежностью — именуют ли они себя республиканцами или демократами, лейбористами или консерваторами. Бог обещает благословение правительству, члены которого отвечают двум главным моральным требованиям. Он требует, чтобы они были *«справедливы»* и *«богобоязненны»*. Христиане, уважающие Божьи требования, должны стремиться принципиально не избирать в правители человека, который не зарекомендовал себя справедливым и богобоязненным, невзирая на его партийную принадлежность. Если христиане игнорируют Божьи требования и отдают свои голоса на выборах морально недостойным личностям, то эти избранники станут каналами Божьего суда против тех самых людей, которые избрали их на этот пост.

В Соединенных Штатах, как нигде, удельная часть посвященных христиан в обществе так велика, что может оказывать решающее влияние на то, какие люди будут выдвинуты в кандидаты на официальные посты. На это еще в XIX веке указывал великий евангелист Чарльз Финней. Какой бы политической силе христиане не отдавали предпочтение, они все должны согласиться в одном главном принципе: *не отдавать свои голоса кандидату, не соответствующему моральным требованиям, установленным Писанием.* Если этот принцип ясно утвержден, и ему неукоснительно следуют, то каждая из наиболее влиятельных политических партий неизменно будет испытывать давление, заставляющее выдвигать в кандидаты только тех людей, которые соответствуют этим требованиям. В результате повысятся стандарты политического поведения и возрастет моральный уровень властей во всей стране.

В других странах, и в других политических системах, Божий народ не всегда находится в такой позиции, где возможно оказывать подобное политическое давление. Тем не менее, верующие люди повсюду несут на себе ответственность — молиться за правителей своего народа и, таким образом, оказывать решающее влияние на курс правительства.

Глава 5

НАБЛЮДАЯ ВЛИЯНИЕ МОЛИТВЫ НА ИСТОРИЮ

Для меня слова о силе молитвы, изменяющей ход истории, не просто далекая от реальной жизни богословская формула. Мне неоднократно довелось увидеть это в моей жизни. В этой главе я поделюсь с вами примерами четырех подобных случаев. Чтобы примеры были контрастнее, речь пойдет о разных ситуациях и странах, находящихся под воздействием совершенно разных политических факторов.

Война на территории Северной Африки

Во время активных военных действий в Северной Африке с 1941 по 1943 годы мне пришлось определенное время служить в качестве ассистента военного врача в госпитале британских войск. Мы были небольшим медицинским подразделением, прикрепленным к двум британским дивизиям: к 1-й и 7-й. Солдаты последней обрели известность как *Грызуны Пустыни*, поскольку на эмблемах этого подразделения был изображен белый африканский тушканчик.

В то время моральное состояние британской армии, проводившей боевые действия в пустыне, было на очень низком уровне. Главная проблема заключалась в том, что бойцы потеряли доверие к своим офицерам. У меня самого отец был британским офицером и многие из моих друзей, с которыми я был знаком с детства, были того же социального происхождения. Я мог видеть ситуацию с обеих сторон, и поэтому у меня были все основания, чтобы сделать определенные суждения на этот счет. Пусть не каждый из них лично, но в целом, поведение офицеров в пустыне отличалось эгоизмом, безответственностью и полным отсутствием дисциплины. Их больше заботило не состояние своих подчиненных, и даже не победа в войне, но то, как обеспечить свой собственный комфорт.

Мне на память приходит один офицер, который заболел малярией и был эвакуирован на базу в каирский госпиталь. Он затребовал для себя машину, предназначенную для транспортировки четырех больных, и полуторатонный грузовик для перевозки своих личных вещей. В то время мы постоянно испытывали острую нужду в грузовом транспорте и бензине; и то и другое требовало строжайшей экономии. Из Каира офицер был эвакуирован в Англию (в чем вовсе не было необходимости, поскольку с ним случился лишь простой приступ малярии). Спустя несколько месяцев мы слышали его выступление по британскому радио. Это был очень яркий и впечатляющий рассказ о трудностях военной кампании в условиях пустыни!

В то время для нас самой большой проблемой была нехватка воды. Рационы были строго ограничены. Наши армейские фляжки пополнялись через день. Одна фляга воды на 48 часов на все наши нужды — питье, приготовление пищи, умывание, бритье, и т.д. И при этом каждый вечер офицеры использовали для разбавления виски воды больше, чем всем остальным выдавалось на все их потребности.

Результатом такого морального состояния было самое продолжительное отступление в истории британской армии — протяженностью порядка тысячи двести километров — от местечка в Триполи, под названием Эль-Агейла, до Эль-Аламейн, расположенного примерно в восьмидесяти километрах к западу от Каира. Здесь британские войска окопались и выстроили последнюю линию обороны. Если бы Эль-Аламейн пал, тогда бы немецко-итальянские силы захватили Египет и, перекрыв Суэцкий канал, двинулись в Палестину. В таком случае еврейское население подверглось бы точно такому же геноциду, какой был в тех частях Европы, которые находились под нацистским режимом.

Примерно за полтора года до этих событий, находясь в Англии, еще до нашей переброски в Северную Африку, однажды ночью в армейском бараке я получил очень яркое и сильное откровение Христа. Поэтому я знал на личном опыте реальность Божьей силы. В пустыне я был лишен церкви, наставления и вообще какого-либо общения со служителями. Мне пришлось полностью зависеть от двух основных источников Божьего обеспечения для каждого христианина: Библии и Духа Святого. У меня с самого начала созрело понимание, что, согласно стандартам Нового Завета, пост был неотъемлемой частью христианского ученичества. На протяжении всего времени пребывания в пустыне, я регулярно отделял один день в неделю — каждую среду — для поста и молитвы.

Во время длительного и деморализующего отступления к Каиру, Бог положил мне на сердце бремя молитвы как за британские войска в пустыне, так и за всю ситуацию на Ближнем Востоке в целом. Однако я не мог представить, как может Бог благословить командование столь недостойное и неэффективное. Своим сердцем я искал такую молитву, которой можно было молиться с искренней верой, и которая отвечала бы сложившейся ситуации. Спустя некоторое время Дух Святой дал мне такую молитву: *«Господи, дай нам руководителей, которые были бы для Твоей славы, чтобы даровать нам победу через них».*

Я продолжал молиться такой молитвой каждый день. По истечении определенного времени британское правительство решило отстранить командующего войсками в пустыне и заменить его другим человеком. Человек, которого они выбрали, был генерал Готт. Он вылетел в Каир, чтобы принять командование, но его самолет был сбит и он погиб. Таким образом, в создавшемся критическом положении и в этом важном театре военных действий, британские силы фактически остались без командования. Уинстон Черчилль, в то время занимавший пост британского премьер-министра, вынужден был действовать, в основном, по личной инициативе. Он назначил более-менее известного офицера Б. Л. Монтгомери, который в срочном порядке был переброшен на самолете в Африку.

Монтгомери был сыном епископа Евангелистской Англиканской Церкви. Он был именно тем человеком, который в точности отвечал основным требованиям, предъявляемым Богом к человеку, являющемуся лидером среди людей. Он был *справедливым* и *богобоязненным.* И при всем том, еще отличался высочайшей дисциплиной. За два месяца, он внушил своим офицерам совершенно новое понятие о дисциплине и, таким образом, вернул доверие подчиненных к своему начальству.

Главное сражение при Эль-Аламейне было выиграно; оно стало первой серьезной победой союзников в этой войне. Угроза, висевшая над Египтом, Суэцким каналом и Палестиной, была ликвидирована, и весь ход войны в этом регионе изменился в пользу союзников. Не будет преувеличением сказать, что сражение под Эль-Аламейном явилось поворотным пунктом для войны в Северной Африке.

Через два или три дня после сражения, я находился в нескольких километрах позади передовых сил союзников, наступающих по пустыне. Сидя в кузове армейского грузовика, из маленького портативного радиоприемника, я слышал рассказ комментатора о сцене в ставке Монтгомери, которую он наблюдал накануне сражения. Он вспоминал, как Монтгомери публично призвал всех к молитве, сказав: *«Давайте попросим Господа, Сильного в битве, дать нам победу».* Когда эти слова прозвучали по радио, Бог очень ясно проговорил в моем духе: *«Это ответ и на твою молитву».*

Как хорошо этот случай подтверждает истину о возвышении, данную в Псалме 74:6-8. Британское правительство выбрало для командования Готта, но Бог убрал его и вместо него поставил Монтгомери, человека по Своему усмотрению. Бог сделал это, чтобы дать славу Своему имени и чтобы ответить на молитву, к которой Он Сам Святым Духом побудил меня. Этим вмешательством Бог также предотвратил висевшую над палестинскими евреями угрозу — попасть под власть фашистского режима.

Верю, что молитва, которую дал мне Бог в это время, может быть с таким же успехом использована и в других ситуациях, как военных, так и политических: *«Господи, дай нам руководителей, которые были бы для Твоей славы, чтобы даровать нам победу через них!»*

Рождение государства Израиль

В 1947 году перед Генеральной Ассамблеей Организации Объединенных Наций был вынесен вопрос о судьбе Палестины. В это время страной продолжала управлять Великобритания, согласно мандату, выданному ей Лигой Наций вскоре после Первой Мировой войны. 29 ноября 1947 года ООН проголосовала за разделение страны на два отдельных государства, выделив небольшой район под независимое Израильское государство, а остальную часть страны отдав арабам (с Иерусалимом под международным контролем). Срок окончания действия британского мандата и введения нового политического устройства этой территории датируется 14 мая 1948 года.

Почти сразу же после решения ООН о разделении, палестинские арабы, при помощи и поддержке просочившихся со стороны окружающих арабских стран агентов, начали необъявленную войну против находившихся в Палестине еврейских поселений. Несколько главных районов страны были захвачены вооруженными группами арабов. В начале 1948 года еврейские районы Иерусалима уже имели вид осажденного города. Их жители были почти целиком отрезаны от запасов продовольствия и других источников снабжения и находились на пороге голодной смерти.

В день объявления об образовании государства Израиль все окружающие арабские страны объявили ему войну. Около 650 тысяч евреев, едва вооруженных, с минимальным запасом военного снаряжения, без регулярной армии, — они оказались лицом к лицу с окружающим их и враждебным 50 миллионным арабским миром, хвалящимся хорошо обученными регулярными войсками и изобилием военного снаряжения. Лидеры арабских стран публично заявили о своем намерении уничтожить только родившееся Израильское государство и сбросить евреев в море.

В тот же период мы с Лидией и наши восемь приемных дочерей жили в центре еврейской части Иерусалима. Мы занимали большой дом на углу главного перекрестка Кинг-Джордж Авеню с улицей, ведущей на запад к Яффским воротам Старого Города. Лидия жила в Иерусалиме и его окрестностях в течение предыдущих двадцати лет. Она была свидетелем длинной череды ранних конфликтов между арабами и евреями в этом районе. На ее памяти евреи всегда были плохо вооружены и слабо подготовлены для отражения нападений. Теперь же, в этот критический час, казалось, что неравенство сил и преимущество противников над евреями неизмеримо больше по сравнению с предыдущими столкновениями, так что о результатах поражения было страшно подумать.

Вместе с Лидией мы стали искать в Писании слова ободрения и указания от Бога. С каждым днем нам становилось все яснее и яснее, что мы живем в период восстановления Израиля, о котором говорили пророки и вожди на протяжении веков страданий и гонений. Это было время, предреченное в Псалме 101:13-14: *«Ты же, Господи, вовек пребываешь... Ты восстанешь, умилосердишься над Сионом; ибо время помиловать его; ибо пришло время...».*

Мы поняли, что на наших глазах происходило осуществление Божьего обетования относительно Израиля. Как написано в Книге пророка Исаии 43:5-6: *«Не бойся, ибо Я с тобою; от востока приведу племя твое, и от запада соберу тебя. Северу скажу: отдай; и югу: не удерживай; веди сыновей Моих издалека и дочерей Моих от концов земли».*

Эти и другие места Писания убедили нас в том, что запланированное Богом возвращение евреев в их землю близилось к исполнению. Если Бог хотел восстановить Израиль, тогда не было Его воли на то, чтобы евреи были изгнаны и уничтожены. Это придало нам веру молиться за свободу Израиля, основанную не на националистических мотивах, но на основании откровения Божьей воли, изложенной в Писании.

Когда мы с Лидией были приведены Духом к единому мнению относительно воли Божьей, наши молитвы стали соответствовать условию, записанному в Евангелии от Матфея 18:19: *«Истинно также говорю вам, что если двое из вас согласятся на земле просить о всяком деле, то, чего бы ни попросили, будет им от Отца Моего Небесного».*

Однажды, когда мы молились вместе, я услышал, как Лидия произносила короткую молитву: *«Боже, парализуй арабов!»* Когда начались полномасштабные военные действия в Иерусалиме, наш дом был менее чем в 400 метрах от линии фронта, которая проходила с небольшими отклонениями вдоль западной стены Старого Города. За первые шесть недель сражения мы насчитали около 150 раз, когда пули попадали в наши окна. Поэтому, большую часть этого времени вся наша семья жила в большой прачечной, находящейся в подвальном помещении.

Из-за выгодного стратегического положения нашего дома, наш двор был занят силами «Хагана» — добровольческих оборонительных отрядов, на основе которых впоследствии была создана регулярная армия Израиля. Наблюдательный пункт, под командованием молодого человека по имени Финеас, находился во дворе. Таким образом, мы свели близкое знакомство с некоторыми евреями, мужчинами и женщинами, дежурившими на посту.

В начале июня 1948 года ООН удалось добиться четырехнедельного прекращения огня. И таким образом установилась передышка в сражении. Однажды, во время этого затишья, несколько наших молодых друзей сидели у нас в гостиной и оживленно обсуждали то, что пережили во время предыдущего сражения.

«Происходит что-то необъяснимое, — сказал один юноша. — *Мы оказываемся на участках, где арабы в десять раз превосходят нас численностью. К тому же, они гораздо лучше вооружены. Однако порою кажется, что они бессильны сделать что-то против нас, словно они парализованы!»*

Этот молодой еврейский солдат, находясь в нашей гостиной, повторил ту же самую фразу, которую Лидия произнесла в молитве несколько недель назад! Я никогда не перестаю восхищаться верностью Бога! Бог не только буквально ответил на молитву Лидии — *«парализовал арабов»* — но и представил нам объективное, из первых рук, свидетельство еврейского солдата. Божья цель — передать Израилю их землю — была достигнута чудесным образом с минимальными потерями в человеческих жертвах.

Наступающие арабские армии, несмотря на их превосходство в числе и вооружении, были побеждены и отброшены назад. Следующие двадцать лет были отмечены еще двумя победами Израиля, которые были не менее впечатляющими, чем эта первая победа. Сегодня государство Израиль крепко утвердилось и достигло удивительного прогресса почти в каждой сфере своей жизни.

Для нас с Лидией все происходящее было гораздо более знаменательным, чем просто хроника необычных военных и политических достижений. Каждый раз, когда мы слышим свежие новости, касающиеся продолжающегося успеха и прогресса Израиля, мы говорим себе с глубоким внутренним удовлетворением: *«В этом есть доля и наших молитв!»*

Конец сталинской эпохи

С 1949 по 1956 годы я был пастором церкви в Лондоне. Я сохранял особый интерес к действиям Бога по отношению к еврейскому народу, который был зажжен моим первоначальным пребыванием в Иерусалиме во время рождения государства Израиль. В начале 1953 года я получил информацию из надежных источников, что Иосиф Сталин, который в то время управлял Советским Союзом и был абсолютным диктатором, планировал систематические репрессии, направленные против советских евреев.

Когда я размышлял над этой ситуацией, Господь напомнил мне увещевание Павла к христианам из язычников иметь правильное отношение к евреям. Римлянам 11:30-31:

> *«Как и вы некогда были непослушны Богу, а ныне помилованы, по непослушанию их, так и они теперь непослушны для помилования вас, чтобы и сами они были помилованы».*

Каким-то образом я ощутил, что Бог возлагает на меня ответственность за евреев в Советском Союзе. Я поделился своими переживаниями с лидерами нескольких маленьких молитвенных групп в различных частях Великобритании, у которых также была особая забота о евреях. В конце концов, мы решили посветить один день для особой молитвы и поста за советских евреев. Не скажу точной даты, которую мы избрали, но, насколько я помню, это был четверг. В этот день все члены наших групп добровольно решили воздержаться от пищи, посвятив его особым молитвам, целью которых было Божье вмешательство в судьбу евреев в СССР. Наша община собралась в этот вечер для молитвенного служения, посвященного в первую очередь этому вопросу.

В ходе собрания не было никаких чрезвычайно духовных проявлений или особого чувства «благословенного» или эмоционального подъема. Однако, в течение двухнедельного срока, начиная с этого дня, курс внутренней политики СССР резко изменился изменился по причине одного важного события — смерти Сталина. Ему было семьдесят три года. Не было никаких сообщений о болезни или угрозе его жизни. До самого последнего момента шестнадцать лучших врачей пытались спасти его жизнь — но тщетно. Причиной его смерти явилось кровоизлияние в мозг.

Следует внести ясность, что ни один из членов

наших групп не молился о смерти Сталина. Мы просто предали сложившуюся ситуацию Богу и доверились Его мудрости в решении данной нужды. Но по моему глубокому убеждению смерть Сталина явилась ответом на молитву.

В 12-й главе книги Деяния мы находим похожий пример с ответом на молитву Ранней Церкви. Царь Ирод казнил апостола Иакова, брата Иоанна. Затем он схватил и Петра, и намеревался придать его смерти сразу по окончании праздника Пасхи. В это время иерусалимская церковь стала усиленно и неотступно молиться за Петра. В результате Бог вмешался сверхъестественным образом и благодаря содействию ангела Петр был освобожден из темницы. Таким был Божий ответ в отношении Петра, но Бог еще не разобрался с царем Иродом.

В заключительных стихах этой главы Лука дает наглядное описание Ирода, восседающего в царских одеждах на троне, держащего речь к жителям Тира и Сидона. В конце его речи народ стал рукоплескать, и из толпы раздались восклицания: *«...это голос Бога, а не человека»* (Деяния 12:22). Тщеславясь своим успехом, Ирод принял аплодисменты на свой счет. Однако Писание говорит, что: *«...вдруг Ангел Господень поразил его за то, что он не воздал славы Богу; и он, быв изъеден червями, умер»* (стих 23). Вот таким страшным и быстрым бывает ответ на молитву.

Остается кратко отметить последствия смерти Сталина. Планируемые репрессии против русских евреев так и не были осуществлены. Вместо этого произошли решительные сдвиги во внешней политике Советского Союза. Эти перемены были настолько значительными и далеко идущими, что этот период стал позднее известным, как «эпоха десталинизации». Пришло время и бывший помощник Сталина и его преемник Хрущев, публично объявил Сталина жестоким и несправедливым тираном и гонителем русского народа. Позднее, собственная дочь Сталина, воспитанная при господствующей атеистической идеологии, покинула свою Родину и нашла убежище в стране, которую ее отец наиболее яростно поносил. В дальнейшем она исповедовала веру в распятого Еврея, чьи последователи были объектом жестокого гонения со стороны ее отца.

Родовые муки Кении

С 1957 по 1961 годы мы с Лидией трудились в Кении, активно помогая в становлении государственной системы образования. Однако основной наш труд заключался в миссионерской деятельности среди местного населения и среди будущих школьных учителей. Мы основали и руководили педагогическим колледжем на западе Кении. В этот период Кения мучительно оправлялась от кровавых последствий движения «Мау-Мау», посеявшего горькое недоверие и ненависть между африканцами и европейцами, а также между различными местными племенами. Одновременно, в стране проходила спешная подготовка к освобождению из-под британского колониального правления и установлению государственной независимости, которая была достигнута в 1963 году.

В 1960 году обрело независимость Бельгийское Конго, находящееся на запад от Кении. Многочисленные африканские группы, не имеющие соответствующей подготовки, оказались неспособными справиться с проблемами самоуправления и ввергли Конго в серию продолжительных и кровавых внутренних войн. Многие европейцы были вынуждены покинуть Конго и переехать в Кению, привезя с собой мрачные картины оставшейся позади борьбы и хаоса.

На фоне этого прогнозы политических экспертов

относительно будущего Кении были крайне мрачными. Большинство соглашалось с выводами, что Кения не только последует печальному примеру Конго, но столкнется с еще более сложными проблемами по причине внутреннего антагонизма, оставшегося в наследие от «Мау-Мау».

В августе 1960 года мне довелось быть одним из служителей и миссионеров, приехавших в западную Кению на недельное общение с африканской молодежью. Собралось около двухсот африканцев, большинство из которых было преподавателями и студентами. Значительная часть была студентами и бывшими выпускниками колледжа по подготовке учителей, где я служил в качестве директора.

Съезд закончился в воскресение. В этот вечер, в ходе последнего служения, мы свидетельствовали об исполнении пророчества Иоиля, цитируемого Петром в Деяниях 2:17:

«И будет в последние дни, говорит Бог, излию от Духа Моего на всякую плоть, и будут пророчествовать сыны ваши и дочери ваши, и юноши ваши будут видеть видения, и старцы ваши сновидениями вразумляемы будут...»

Миссионер из Канады зачитал заключительное обращение, переведенное на язык суахили недавним выпускником нашего колледжа по имени Уилсон Мамболео. Два первых часа служение протекало в обычном порядке. Но после заключительного слова, Святой Дух сошел с мощной силой и перевел собрание на сверхъестественный уровень. В течение двух последующих часов почти все собрание, количеством более чем двести человек, провело в спонтанной хвале и поклонении без какого-либо человеческого руководства.

В определенный момент ко мне пришло убеждение, что мы, как группа, пришли в соприкосновение с Богом, и что Его сила находилась в нашем распоряжении. Бог проговорил к моему духу следующее: «*Не позволяй им совершать те же ошибки, которые пятидесятники так часто допускали в прошлом, напрасно растрачивая Мою силу для собственного духовного удовлетворения. Призови их к молитве за будущее Кении*».

Я направился к кафедре с целью сообщить всему собранию слово, которое, как я верил, Бог дал мне. По пути я проходил мимо Лидии, которая сидела у прохода. Она протянула руку и остановила меня. «*Что ты хочешь?*» — спросил я ее. «*Скажи им молиться за Кению!*» — ответила она, — «*Именно за этим я иду туда*». Стало понятно, что Бог проговорил моей жене в то же самое время, когда Он говорил мне, и я воспринял это как подтверждение Его указаний.

Взойдя на платформу, я призвал все собрание к тишине и поделился с ними Божьим призывом. «*Все вы будущие руководители своего народа, —* сказал я, — *как в сфере образования, так и в религии. Библия возлагает на вас, как на христиан, ответственность, молиться за свою страну и правительство. Ваша страна находится пред лицом самого решающего момента в своей истории. Поэтому давайте все вместе вознесем молитву за будущее Кении*».

Уилсон Мамболео стоял рядом со мной за кафедрой и переводил мои слова на суахили. Когда пришло время молиться, он склонился на колени рядом со мной. Когда я вел молитву, все присутствующие присоединились ко мне, взывая к Богу. Их голоса слились в единый хор голосов, вознесенный в молитве. Это напомнило мне слова из Откровения 19:6: «*И слышал я как-бы голос многочисленного народа, как-бы шум вод многих, как-бы голос громов сильных...*». Голос молитвы достиг своего пика и затем внезапно прекратился, словно по взмаху невидимого дирижера.

Через несколько минут последующего молчания Уилсон встал и заговорил к собранию: «*Я хочу рас-*

сказать вам, что Господь показал мне, когда мы молились». Я понял, что Бог дал ему откровение, когда он молился рядом.

Уилсон поделился откровением, которое он видел, сначала на английском языке, а затем на суахили. «Я видел красного коня, приближающегося к Кении с востока, — сказал он. — Все стремительное движение его дышало угрозой, и верхом на нем сидел черный всадник. За ним двигалось еще несколько таких же красных и устрашающих коней. Когда мы молились, я увидел, что все лошади развернулись и устремились к северу!

— Уилсон помолчал минуту и затем продолжил: — Я попросил Бога объяснить мне, что означало это видение. На это Он сказал мне: "Только сверхъестественная сила молитвы Моего народа может предотвратить бедствия, грядущие на Кению!"»

Много дней спустя я продолжал размышлять над тем, что сказал Уилсон. Описанное Уилсоном было похожим на то откровение, которое мы находим в Книге пророка Захарии 1:7-11. Я спросил Уилсона, знакомо ли ему это место из Книги пророка Захарии, и он ответил, что нет. В конечном итоге я пришел к заключению, что этим откровением Бог подтвердил, что Он услышал наши молитвы о Кении и что Он желает особым образом вмешаться в судьбу страны. Последующие события в истории Кении доказали правильность такого утверждения.

В период британского правления, Кения была одним из трех государств Британской Восточной Африки. Вторым государством было Уганда, находящееся на запад от Кении, и третьим — Танганьика, которое находилось на юге (позже Танганьика была переименована в Танзанию). Кения получила независимость 12 декабря 1963 года. Два других государства обрели независимость немного раньше. Сразу же после провозглашения независимости Кении было избрано национальное правительство. Первым президентом страны стал Джомо Кеньятта.

В январе 1964 года в Африке разыгрались события, в точности соответствующие откровению Уилсона. В Занзибаре, соседствующим с Кенией с востока, совершился кровавый переворот, который осуществлялся угандийцем, обученным революционной тактике на Кубе. Революция свергла власть занзибарского султана.

В том же месяце революционное движение охватило национальную армию Танзании, а затем перекинулось на армию Кении. Цель его была свергнуть избранное правительство Кении и установить свою военную диктатуру руководимую коммунистами.

В этом критическом положении новый президент Кении Джомо Кеньятта действовал мудро и твердо. Заручившись поддержкой британских вооруженных сил, он подавил революционное движение кенийской армии и восстановил закон и порядок по всей стране. Таким образом авторитет законно избранного правительства Кении был сохранен и попытка коммунистов совершить военный переворот потерпела полное поражение.

В откровении Уилсона красные кони, повернув от Кении, двинулись на север. К северу от Кении на побережье Африки лежит Сомали. Неудавшийся в Кении военный коммунистический переворот с успехом совершился в Сомали.

Другие, граничащие с Кенией страны, столкнулись с похожими серьезными политическими проблемами. На юге, в Танзании, сильное коммунистическое влияние привело к различным ограничениям политической свободы. На западе, в Уганде, произошла череда неустойчивых правительств, а также целый ряд племенных столкновений с решительной попыткой мусульман захватить власть в стране и сделать ислам официальной религией нации. И посреди всего этого Кения смогла соединить прогресс и порядок с высоким уровнем политической и религиозной свободы и достичь замечательных успехов.

Отношение кенийского правительства к христианству отличается устойчивым дружелюбием и стремлением к сотрудничеству. Хотя сам президент Кеньятта не называет себя христианином, но он официально приглашает в Кению различные христианские организации преподавать во всех государственных школах. Кению по праву можно назвать христианским стратегическим центром, посылающим обученных местных миссионеров во все окружающие страны.

Иногда Бог пользуется очень неожиданными средствами, чтобы сообщить нам определенную информацию. В октябре 1966 года я посетил бюро одного транспортного агентства в Копенгагене, чтобы заказать билет на самолет в Лондон. Ожидая, пока мои документы будут оформлены, я открыл лондонскую «Таймс». Там я нашел приложение, посвященное исключительно Кении, объемом целых 16 страниц. Сутью данной статьи было то, что Кения проявила себя как одна из самых стабильных и успешных стран среди почти пятидесяти молодых национальных государств, возникших на африканском континенте после окончания Второй Мировой войны. Открывая страницу за страницей этого приложения, я как будто все время слышал Божий голос в моем духе: *«Вот что Я могу сделать, когда христиане с верою молятся за свое правительство».*

Приняв решение поделиться тем, как Бог управлял судьбой Кении, я написал Уилсону Мамболео в Найроби. Я напомнил ему об откровении, которое Бог дал ему в 1960 году и попросил его подсказать, каким образом я мог бы описать точнее этот случай. Также я спросил его, не может ли он дать мне комментарии в связи с настоящим положением Кении. Вот несколько отрывков из его ответа, датируемого 30 июня 1972 года:

«Благодарю Вас за письмо. Это Дух живого Бога побудил Вас просить меня написать об этом...

Удивительно, как действует Бог. Мы вместе с одним братом, который тоже любит молиться, вспоминали Вас пред Богом в молитве, и во время молитвы принесли Ваше письмо...

Что касается моего откровения 1960 года, то вы хорошо уловили его суть, и поэтому нет нужды в каком-либо дополнении...

В настоящее время Кения ведет мирную жизнь. Экономика страны стабильно развивается. Иностранные капиталовложения играют положительную роль в ее экономике. В каждом населенном пункте страны происходит реальный экономический подъем. Успехи, достигнутые в Кении, могут быть отнесены за счет стабильности нынешнего правительства во главе с Его Превосходительством, президентом Джомо Кеньятта.

Могу сказать, что именно Бог выбрал этого человека, чтобы управлять нашей страной в такое время. Как многие другие христиане в Кении, я молюсь за него, чтобы Бог даровал ему мудрость.

Многие в нашей стране не имеют ответа на вопрос, кто будет преемником президента Кеньятта, когда его дни на земле закончатся. В их глазах нет человека, равного президенту Кеньятта, кто мог бы столь успешно проводить политику, удовлетворяющую всех жителей страны. Однако я верю и говорю об этом людям, что Бог поднимет достойного человека, но это произойдет только по неотступным молитвам Его святых...

Мы благодарим Бога, что в Кении люди могут наслаждаться большей свободой поклоняться Богу, чем в соседних государствах. В Танзании религиозная свобода подавляется, — особенно это касается христианства. Евангельские собрания на открытом воздухе без особого разрешения властей запрещены...

В Уганде военное правительство под руководством генерала Амина, мусульманина, принуждает все религиозные организации стать экуменическими. Не так давно генерал Амин организовал смешанное служение: мусульманский молебен совершался в христианском храме, где генерал присутствовал лично.

Военное правительство Сомали, является социалистическим по своему типу. Сомали имеет тесные контакты с коммунистическими странами — с Советским Союзом и Китайской Народной Республикой. Власти Сомали держатся благодаря большой финансовой и материальной помощи. Впрочем, как та же Танзания благодаря поддержке Китая (что включает подготовку военных специалистов и поставку комплектующих материалов для китайских истребителей «Миг»)...»

История независимой Кении и окружающих стран продемонстрировала точное исполнение откровения, которое Бог дал Уилсону в 1960 году. Вмешательство Бога в судьбу Кении произошло благодаря группе христиан, которые соединились, чтобы молиться согласно Писанию за правительство и судьбу своей страны.

Размышляя над этими событиями, свидетельствующими о верности Бога, помните слова, которыми завершалось откровение Уилсона: *«Только сверхъестественная сила молитв Моего народа может предотвратить бедствия, угрожающие Кении».*

Разве это не хорошее основание верить, что приведенные слова применимы и к вашей стране, и к моей?

Глава 6

ПОСТ УСИЛИВАЕТ МОЛИТВУ

В предыдущей главе было несколько попутных упоминаний о практике поста, сопровождающей молитву. Теперь пришло время более систематично исследовать то, что говорит на эту тему Писание. Будет полезно начать с определения. Под *«постом»* подразумевается добровольное воздержание от пищи ради духовных целей. Как правило, это воздержание от пищи, но не от воды. Если пост включает и отказ от воды (и других жидкостей), то обычно об этом говорится особо.

Наставления Христа и Его пример

Лучшей отправной точкой для изучения этой духовной дисциплины являются слова Христа о посте в Нагорной проповеди. В Евангелии от Матфея 6:1-18 мы находим наставление Христа, которое Он дает Своим ученикам в отношении трех взаимосвязанных обязанностей: 1) даяния милости, 2) молитвы и 3) поста. В каждом случае Он делает основной акцент на мотивах этих действий и предостерегает от показной религиозности с целью произвести впечатление на людей. Сами Его слова подразумевают, что Его ученики будут практиковать и то, и другое, и третье.

Во втором стихе Он говорит: *«Итак, когда творишь милостыню...»*. В шестом стихе Он говорит: *«Ты* (единственное число) *же, когда молишься...»*, и в седьмом стихе сказано: *«А молясь* (един. число), *не говорите* (множеств. число)...»*. В 16 стихе: *«Также, когда* *поститесь* (мпож. число)...»; а в 17 стихе: «*А ты, когда постишься* (един. число)...». Христос не говорит «*если*», но всегда «*когда*». Таким образом видна уверенность Христа, что *все* Его ученики будут регулярно практиковать *все* три вида деятельности. Обратим внимание на прямую параллель между молитвой и постом. Если Христос ожидает, что Его ученики будут регулярно молиться, то точно также Он подразумевает, что и поститься они будут регулярно.

Пост был неотъемлемой частью религиозной жизни еврейского народа во дни Христа. Постоянная практика поста берет свое начало еще со дней Моисея. Как фарисеи, так и ученики Иоанна Крестителя регулярно постились. Народ был поражен, видя, что ученики Иисуса не постятся, и они спрашивали о причине этого. Их вопрос и ответ Христа записаны в Евангелии от Марка 2:18-20:

«*Ученики Иоанновы и фарисейские постились. Приходят к Нему и говорят: почему ученики Иоанновы и фарисейские постятся, а Твои ученики не постятся? И сказал им Иисус: могут ли поститься сыны чертога брачного, когда с ними жених? Доколе с ними жених, не могут поститься; но придут дни, когда отнимется у них жених, и тогда будут поститься в те дни*».

Ответ Иисуса дан в форме простого иносказания. Очень важно правильно понимать это. «*Жених*», как и во всем Новом Завете, есть Сам Христос. «*Сыны чертога брачного*» — ученики Христовы (о ком был задан вопрос). Фраза «*доколе с ними жених*» говорит о днях служения Христа на земле, пока Он физически находился с ними. Фраза «*когда жених отнимется*» говорит о времени с момента вознесения Христа до момента Его возвращения за Церковью. Тем временем Церковь, как Невеста, ждет возвращения Жениха. Это тот период, в котором мы сейчас живем, и о котором Иисус говорит очень определенно: «*...и тогда будут поститься в те* *дни».* Поэтому в эти дни, когда мы живем, пост является признаком истинного ученичества Христа, заповеданного Самим Христом.

Пост подтвержден не только наставлением Иисуса, но и Его личным примером. Сразу же после крещения в Иордане от Иоанна Крестителя, Иисус был поведен Святым Духом в пустыню, чтобы провести там сорок дней в посте. Об этом написано в Евангелии от Луки 4:1-2:

> *«Иисус, исполненный Духа Святого, возвратился от Иордана и поведен был Духом в пустыню. Там сорок дней Он был искушаем от диавола и ничего не ел в эти дни; а по прошествии их, напоследок взалкал».*

Итак, Иисус не ел в течение этих сорока дней, но не сказано, что Он не пил. Отмечено также, что Он *«напоследок взалкал»,* но не сказано, что Он возжаждал. Поскольку жажда наступает раньше и гораздо сильнее чем голод, то вполне можно заключить, что Он воздерживался от пищи, но не от воды. Во время этого сорокадневного поста Иисус оказался в личном противостоянии с сатаной.

В описании Луки видна замечательная разница в состоянии Иисуса до и после Его поста. Сначала в Евангелии от Луки 4:1 мы читаем, что: *«Иисус, исполненный Духа Святого, возвратился от Иордана...».* Но в Евангелии от Луки 4:14 мы читаем, что по окончании поста: *«возвратился Иисус в силе Духа в Галилею...».*

Входя в пустыню, Иисус уже был *исполнен Духа Святого.* Но выходя оттуда после поста, Он возвратился *в силе Духа.* Похоже, что потенциальная сила Духа Святого, которую Иисус получил во время крещения в Иордане, в полноте начала проявляться только после того, как Он совершил Свой пост. *Пост был последней подготовительной фазой, через которую Он должен был пройти, прежде чем войти в Свое служение.*

Духовные законы, действовавшие в служении Самого Христа, применимы также и к служению Его учеников. Иисус сказал: *«…верующий в Меня, дела, которые творю Я, и он сотворит, и больше сих сотворит…»* (Иоанна 14:12). Этими словами Иисус открывает для Своих учеников путь следования Его примеру в служении. Но в Евангелии от Иоанна 13:16 записаны также такие слова Христа: *«…раб не больше господина своего, и посланник не больше пославшего его».* Это касается и вопроса подготовки к служению. Если пост был необходимой частью подготовки Самого Христа, то он должен играть такую же роль и в подготовке учеников.

Практика Ранней Церкви

В этом плане Павел был истинным учеником Христа. Пост играл существенную роль в его жизни. Сразу после своей первоначальной встречи со Христом на дороге в Дамаск, три следующих дня Павел провел без еды и питья (Деяния 9:9). Как мы знаем, впоследствии, пост был регулярной частью его духовной дисциплины. Во 2-м Коринфянам 6:3-10, Павел перечисляет десять разных аспектов, в которых он явил себя, как истинный служитель Божий. В пятом стихе он отмечает два из них: *«…в бдениях, в постах».* «Бдение», означает ночи, проведенные без сна; *«посты»* — воздержание от пищи. Павел практиковал и то и другое для того, чтобы сделать свое служение более эффективным.

Во 2-м Коринфянам 11:23-27 Павел снова возвращается к этой теме. Он пишет о других служителях, которые пытались противопоставить себя его служению: *«Христовы служители?… я больше…».* Затем он дает обширный список того, в чем он подтвердил истинность своего служения Христу. В стихе 27 он пишет: *«В труде и изнурении, часто в бдении, в голоде и жажде, часто в посте...».* Здесь Павел снова упоминает *бдение* вместе с *постом.* Фраза *«часто в посте»* указывает на то, что Павел часто сознательно посвящал себя посту. В то время как, вынужденные *«голод и жажда»* упоминаются как случаи, когда пища и питье были недоступны. Таким образом, *пост* подразумевает наличие воды и пищи, от которых Павел воздерживался ради духовных целей.

Христиане Нового Завета практиковали пост не только индивидуально (как часть своей личной дисциплины), но и постились коллективно (как часть их совместного служения Богу). Об этом свидетельствует Лука в книге Деяния 13:1-3:

> *«В Антиохии, в тамошней церкви были некоторые пророки и учители: Варнава, и Симеон, называемый Нигер, и Луций Киринеянин, и Манаил, совоспитанник Ирода четвертовластника, и Савл. Когда они служили Господу и постились, Дух Святый сказал: отделите Мне Варнаву и Савла на дело, к которому Я призвал их. Тогда они, совершивши пост и молитву и возложивши на них руки, отпустили их».*

В этой поместной общине города Антиохии пять ведущих служителей, признанных как *пророки* и *учителя,* молились и постились вместе. Здесь это названо *служением Господу.* Большинство христианских служителей и общин сегодня очень мало знакомы с этим аспектом служения. Однако согласно Божественному порядку, служение Господу идет перед служением людям. Уже исходя из этого служения Господу, Святой Дух дает направление и силу, необходимую для эффективного служения людям.

Вот так это было в Антиохии. Когда эти пять служителей молились и постились вместе, Святой Дух открыл, что Он имеет особое поручение для двоих из них — Варнавы и Савла (позднее названного Павлом). Он сказал: «*Отделите Мне Варнаву и Савла на дело, к которому Я призвал их*». Таким образом эти двое были призваны на особое служение.

Однако они еще не были готовы взять на себя эту задачу. Им надлежало принять особую благодать и силу, необходимые для выполнения труда, который их ожидал. Для этой цели все пять человек снова постились и молились. Лишь тогда, после повторного поста, служители церкви возложили руки на Варнаву и Савла и выслали их для выполнения их задачи.

Таким образом, именно благодаря коллективному посту и молитве, Варнава и Павел получили: во-первых, откровение об особом поручении; во-вторых, благодать и силу, необходимые для его выполнения. Когда они первоначально молились и постились вместе, Варнава и Павел, подобно трем другим братьям, были признаны как *пророки* и *учителя*. Но как только они были высланы для исполнения своей задачи, Писание начинает называть их *апостолами* (Деяния 14:4,14). Поэтому мы можем сказать, что апостольское служение Варнавы и Павла родилось из совместной молитвы и поста пяти руководителей Антиохийской церкви.

В свою очередь Варнава и Павел научили практике коллективного поста и молитвы собрания новообращенных христиан, которые образовались в разных городах в результате их служения. Образование каждой церкви завершалось назначением их собственных поместных пресвитеров. Деяния 14:21-23 описывает это так: «*...они обратно проходили Листру, Иконию и Антиохию, утверждая души учеников, увещавая пребывать в вере... Рукоположивши же им пресвитеров к каждой церкви, они помолились с постом и предали их Господу, в Которого уверовали*».

В Деяниях 14:22 эти группы верующих в каждом городе назывались просто «учениками». Но уже в следующем стихе автор называет их «церквями». Переход от просто «группы учеников» к «церквям» совершался через отделение на служение, через рукоположение руководителей (которые названы «пресвитерами») для каждой поместной общины. В каждом случае рукоположение пресвитеров осуществлялось через совместный пост и молитву. Поэтому, справедливо сказать, что основание поместной церкви в каждом городе сопровождалось молитвой и постом.

Исходя из 13 и 14 глав книги Деяний, можно заключить, что общие молитва и пост сыграли существенную роль в возрастании и развитии Церкви Нового Завета. Именно через молитву и пост ранние христиане получали водительство и силу от Святого Духа для принятия решений и задач особой важности. В приведенном нами примере это было: во-первых, назначение и отделение апостолов; во-вторых, рукоположение пресвитеров и основание поместных церквей.

Как действует пост?

Существуют разные пути, какими пост помогает христианину получить направление и силу от Святого Духа. В некотором смысле пост есть одна из форм *сетования* и *скорби*. Психологически, никого не радует мысль о скорби, — так же, как физически, мысль о посте. Однако бывает время, когда скорбь и пост полезны. Скорбь и сетование имеет свое место среди заповедей блаженства. Иисус говорит: *«Блаженны плачущие, ибо они утешатся»* (Матфея 5:4). В Книге пророка Исаии 61:3 Господь обещает особые благословения тем, кто *«сетует на Сионе»*. Он обещает им украшения вместо пепла, *«вместо плача — елей радости, вместо унылого духа — славную одежду...»*.

Сетование на Сионе является не угрызениями совести, раскаянием или безнадежным горем неверующего. Скорее это ответная реакция на побуждение Святого Духа, через что верующий лишь в малой мере участвует в плаче и скорби Самого Бога о человеческом грехе и безрассудстве. Когда мы, как христиане, видим собственные падения, недостатки, и когда мы смотрим на царящие в мире несчастья и развращенность вокруг нас, тогда нам действительно есть о чем горевать и плакать. Во 2-м Коринфянам 7:10 Павел противопоставляет печаль христианина безнадежной печали неверующего человека: «*Ибо печаль ради Бога производит неизменное покаяние ко спасению, а печаль мирская производит смерть*». Печаль ради Бога в определенное время сменится *елеем радости* и *славной одеждой*.

В Ветхом Завете Бог поставил для Израиля один особый день в году, в который они должны были «*смирять свои души*». Он назван Днем Искупления. В книге Левит 16:31 Бог дает инструкции Израилю в отношении этого дня: «*Это суббота покоя для вас, смиряйте души ваши: это постановление вечное*». Со времен Моисея евреи понимали это как предписание поститься. В Деяниях 27:9 говорится о посте, который и является именно этим Днем Искупления.

Девятнадцать веков спустя День Искупления, по-еврейски *Йом-Киппур*, признается ортодоксальными евреями во всем мире как день поста. Давид говорит о посте в Псалме 34:13: «*...изнурял постом душу мою...*». Слово, переведенное здесь как «*изнурять*», то же самое, которое переведено как «*смирять*» в книге Левит 16:31. Затем в Псалме 68:11 Давид говорит: «*И плачу, постясь душею моею...*». Можно привести много разных упоминаний о посте, но ясно одно, что пост представлен в Библии как форма скорби и сетования, а также средство смирения и очищения души.

Пост является также средством, при помощи которого верующий приводит в подчинение свое тело. В 1-м

Коринфянам 9:27 Павел говорит: *«Но усмиряю и порабощаю тело мое, дабы, проповедуя другим, самому не остаться недостойным».* Наше тело, с его физической организацией и желаниями, является замечательным слугой, но ужасным господином. Поэтому, необходимо всегда держать его в повиновении. Однажды я услышал замечательные слова моего коллеги-служителя, который сказал: *«Не мой желудок говорит мне, когда есть, а я говорю моему желудку, когда ему есть».* Каждый раз, усмиряя тело постом, христианин тем самым как бы говорит своему телу: *«Ты — слуга, а не хозяин».*

В Послании к Галатам 5:17 Павел указывает на прямое противостояние, которое существует между Святым Духом Божьим и плотской природой человека: *«Ибо плоть желает противного духу, а дух — противного плоти: они друг другу противятся...».* Постом преодолеваются два больших барьера, которые ставит Святому Духу плотская природа человека. Это упорное своеволие души и постоянные, требующие удовлетворения, желания плоти. Правильно применяемый пост приводит душу и тело в подчинение Святому Духу.

Важно понять, что посредством поста изменяется человек, а не Бог. Святой Дух, Сам будучи Богом, является всемогущим и неизменным. Пост ломает преграды в плотской природе человека, которые стоят на пути всемогуществу Святого Духа. После удаления плотских преград, Святой Дух может беспрепятственно совершать в полноте Свою работу через наши молитвы.

В Послании к Ефесянам 3:20 Павел стремится показать безграничные возможности молитвы: *«А Тому, Кто действующею в нас силою может сделать несравненно больше всего, чего мы просим, или о чем помышляем...».* Сила, которая действует в нас и посредством наших молитв, является Святым Духом. Удаляя плотские преграды, пост открывает путь для могущества Святого Духа, Который сделает в нас и для нас воистину *«несравненно большее»*.

Единственное, что может ограничить всесильного Бога — это Его вечная праведность. Пост не влияет на стандарты праведности, установленные Богом. Если что-то выпадает из Его воли (не соответствует ей), пост не сделает это приемлемым. Нечестивое и грешное так и останется нечестивым и грешным, сколько бы человек не постился.

Подобный пример мы находим в 12-й главе 2-й книги Царств. Давид совершил прелюбодеяние. У него родился ребенок. И Бог сказал, что судом за грех будет смерть младенца. Давид постился семь дней, однако младенец все-таки умер. Семидневный пост не мог изменить праведного суда Божьего. Если есть что-то неправильное и греховное, то ни пост, ни что-либо еще не сделает этого хорошим. Ничто не изменит этого.

Пост не является чудесным средством на все случаи жизни и для всех проблем. Бог таким не занимается. Он сделал полное обеспечение Своего народа для их благополучия во всех сферах жизни — духовной, физической и материальной. Пост является лишь одним из множества духовных средств, но он не подменяет другие. И в тоже время, ничто другое не заменит поста.

В Послании к Колоссянам 4:12, мы читаем, что Епафрас молится Богу за своих собратьев, чтобы они *«пребывали совершенны и исполнены всем, что угодно Богу»*. Этим для всех нас устанавливается очень высокий стандарт. Одним из средств, указанных в Библии и данных нам для достижения этого, является пост.

Мы можем проиллюстрировать связь между постом и волей Бога простой схемой:

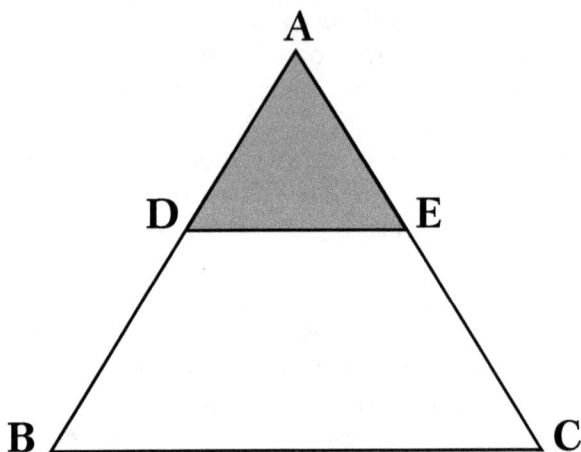

Треугольник *ABC* представляет собой полную волю Бога для каждого верующего. Трапеция *DBCE* — это часть, показывающая волю Божию, которая может осуществиться при помощи молитвы, без поста. Заштрихованный треугольник *ADE* представляет то, что достигается только постом и молитвой.

Если цель лежит вне пределов *ABC*, то она вне пределов Божьего изволения. Не существует духовных средств, указанных в Библии, с помощью которых мы можем достичь того, что находится вне воли Божьей. Если цели находятся в пределах площади *DBCE*, то мы можем получить положительный ответ в результате веры и молитвы, даже без поста. Если же цель находится в пределах *ADE*, то мы можем достичь ее только молитвой, которая усилена постом.

Многое лучшее из того драгоценного, что есть у Бога для Его избранного народа, находится именно в заштрихованной части.

Глава 7

ПОСТ ПРИНОСИТ ОСВОБОЖДЕНИЕ И ПОБЕДУ

Если мы обратимся к историческим свидетельствам Ветхого Завета, то найдем ряд примеров, когда коллективный пост и молитва приводили к драматическому и могущественному вмешательству со стороны Бога. Давайте рассмотрим четыре таких случая.

Победа Иосафата без помощи оружия

Наш первый пример находится во 2-м Паралипоменон 20:1-30. Царь Иудейский Иосафат получил известие, что очень большое войско моавитян, аммонитян и обитателей горы Сеир вторглись в его царство с востока. Сознавая, что у него недостаточно военных ресурсов, чтобы отразить нападение, Иосафат обратился к Богу за помощью. Первое, что он решил сделать, описано в третьем стихе: «...и объявил пост по всей Иудее». Тем самым народ Божий получил призыв всем объединиться в совместном посте и молитве о Божьем вмешательстве. В стихе 13 сказано, что мужчины, женщины и дети — все приняли участие в этом.

С момента призыва к посту события развивались со стремительной быстротой, приведя к драматической развязке. Первый результат отмечен в четвертом стихе: «И собрались Иудеи просить помощи у Господа; из

всех городов Иудиных пришли они умолять Господа».
Всеобщая опасность объединила весь Божий народ.
Опасность грозила всем общинам и городам без исключения. Несомненно, ранее между городами и областями можно было найти ревность и соперничество. Но перед лицом вражеского вторжения все было отложено в сторону. Народ Божий получил призыв защищать свое общее наследие, оставив продвижение своих собственных амбиций.

Итак, Иосафат повел в молитве всех этих единодушно собранных вместе иудеев. Он напомнил Богу о Его завете с Авраамом и о Его обетовании милости согласно этому завету. Молитва Иосафата получила немедленный ответ от Бога (описанный в стихах 14-17) через одного из присутствующих левитов по имени Иозиил. Святой Дух возвестил пророческое слово, содержащее одобрение, заверение и указание.

Пророческое слово Иозиила было встречено поклонением и восхвалением со стороны Иосафата и всего народа. Затем Иосафат организовал непрерывную хвалу и славословие, и повел народ в сражение. 2-е Паралипоменон 20:18-19,21:

> *«И преклонился Иосафат лицем до земли, и все Иудеи и жители Иерусалима пали пред Господом, чтобы поклониться Господу. И встали левиты... — хвалить Господа, Бога Израилева, голосом весьма громким. И совещался он с народом, и поставил певцов Господу, чтобы они в благолепии святыни, выступая впереди вооруженных, славословили и говорили: славьте Господа, ибо во век милость Его!»*

Результат описан в стихах 22-30. Божьему народу не пришлось использовать никакого оружия. Армия их врагов уничтожила сама себя, и не осталось ни одного уцелевшего. Все, что надо было сделать Израильскому народу, это три дня собирать добычу и затем с триумфом вернуться в Иерусалим, громко славя и восхваляя Бога. Более того, эта великая сверхъестественная победа оказала влияние на все окружающие народы. С того дня окружающие царства не осмеливались выступать против Иосафата и его народа.

Из победы Иосафата можно извлечь три практических урока, каждый из которых в равной мере применим для христиан нынешнего века.

Во-первых, сегодня анти-христианские силы в мире также грозны и враждебны как армия, угрожавшая Иудее во времена Иосафата. Эти силы объединены ненавистью и враждой по отношению ко всем тем, кто искренне любит и служит Господу Иисусу Христу. Их не интересуют деноминационные различия между христианами. Им все равно, кто мы: баптисты или методисты, католики или пятидесятники. Поэтому, не время для христиан делать ударение на деноминационных вопросах, которые в прошлом разделяли нас. Настало время для всего Божьего народа последовать примеру тогдашних иудеев и объединиться в посте и молитве.

Во-вторых, история Иосафата свидетельствует о необходимости духовных даров. Именно дар пророчества дал иудеям как поддержку, так и направление в критический момент. Сверхъестественные дары Святого Духа столь же необходимы сегодняшней Церкви, как и тогда. В Библии нет и намека на то, что Бог намеревался отозвать назад дары, которые Он дал Церкви.

В 1-м Коринфянам 1:7 Павел благодарит Бога за коринфских верующих, говоря: *«Так что вы не имеете недостатка ни в каком даровании, ожидая явления Господа нашего Иисуса Христа».* Из слов Павла ясно, что он предполагал и хотел того, что духовные дары будут продолжать действовать в Церкви вплоть до возвращения Иисуса Христа в конце веков.

Подобное же говорит и Петр, цитируя пророчество Иоиля, применимое к нашему времени. Деяния 2:17-18:

«И будет в последние дни, говорит Бог, излию от Духа Моего на всякую плоть, и будут пророчествовать сыны ваши и дочери ваши; и юноши ваши будут видеть видения, и старцы ваши сновидениями вразумляемы будут. И на рабов Моих и на рабынь Моих в те дни излию от Духа Моего, и будут пророчествовать».

Эти слова Иоиля, цитируемые Петром, подтверждают слова Павла из 1-го Коринфянам. Здесь нет и намека на то, что дары Святого Духа должны быть забраны у Церкви, — напротив, они будут более и более проявляться по мере приближения конца.

И третий урок, преподанный нам историей Иосафата, указывает на превосходство духовной силы над силой физической. Во 2-м Коринфянам 10:4, Павел говорит: *«Оружия воинствования нашего не плотские, но сильные Богом на разрушение твердынь...».* Существует два вида оружия — духовное и плотское. Враги Иосафата полагались на физическое оружие; Иосафат же и его народ использовали только духовное оружие. Исход сражения демонстрирует абсолютное превосходство духовного над плотским.

Каким же было духовное оружие Иосафата, благодаря которому он одержал такую победу? Это можно суммировать так: *первое*, коллективный пост; *второе*, объединенная молитва; *третье*, дары Святого Духа; *четвертое*, совместное поклонение и хвала. *Это оружие, применяемое в согласии со Священным Писанием, может даровать современным христианам такие же сильные и чудесные победы, какой была победа иудейского народа во дни Иосафата.*

Ездра получает Божью охрану

За нашим вторым примером совместного поста и молитвы обратимся к Книге Ездры 8:21-23:

«И провозгласил я (Ездра) там пост у реки Агавы, чтобы смириться нам пред лицем Бога нашего, просить у Него благополучного пути для себя и для детей наших и для всего имущества нашего, так как мне стыдно было просить у царя войска и всадников для охранения нашего от врага на пути; ибо мы, говоря с царем, сказали: рука Бога нашего для всех, прибегающих к Нему, есть благодеющая... Итак, мы постились и просили Бога нашего о сем; и Он услышал нас».

Порой мы с вами поступаем как Ездра. Своим свидетельством царю он поставил себя в положение, где должен был своей жизнью подтвердить свои слова. Он сказал царю: *«Мы слуги Бога живого, наш Бог защищает нас и обеспечивает все наши нужды».* После этого Ездра получил возможность возглавить группу возвращающихся назад в Иерусалим. Им предстояло длительное путешествие по территории, наполненной воинственными племенами и вооруженными грабителями. Кроме женщин и детей, они везли с собой священные сосуды Дома Господня, стоимостью в сотни тысяч долларов. Какая добыча для разбойников!

Возник вопрос: как обеспечить безопасность по дороге из Вавилона в Иерусалим? Следовало ли Ездре пойти к царю и просить охранный отряд солдат и всадников? Конечно же, царь исполнил бы его просьбу. Но Ездре было стыдно так поступать, потому что он уже заявил царю, что Бог их истинный и живой, и Он защитит тех, кто служит Ему.

Тогда Ездра и возвращающиеся изгнанники приняли важное решение, а именно: они будут рассчитывать не на охрану солдат и всадников, но полагаться на сверхъестественную силу и помощь Божью. Не было ничего морально предосудительного в том, чтобы принять охрану от царя, но это значило бы положиться на плотские средства. Вместо этого, совершив совместный пост и молитву, они решили искать помощи и защиты исключительно из духовной сферы Божественной власти.

Ездра в точности последовал примеру Иосафата. Как лидер Израильского народа он *«объявил пост»*. Причина, выдвинутая для этого, была такова: *«чтобы смириться нам пред лицем Бога нашего, просить у Него благополучного пути для себя и для детей наших и для всего имущества нашего»*. В предыдущей главе мы видели (из Псалмов Давида и из установлений Дня искупления), что пост признавался евреями и был одобрен Богом как средство, с помощью которого Израильский народ мог выразить свое смирение пред Ним и сознание абсолютной зависимости от Него. Ездра заключает словами: *«Итак, мы постились и просили Бога нашего о сем; и Он услышал нас»*.

Результат общего поста и молитвы для Ездры и его людей был столь же действенным и наглядным как и для Иосафата и Иудейского народа. Возвращающаяся группа изгнанников завершила свое долгое и опасное путешествие без происшествий и в безопасности. У них не было столкновения ни с разбойниками, ни с враждебными племенами, они не потеряли никого из людей и ничего из имущества. Урок, преподанный Иосафатом, затем был подтвержден Ездрой: *победа в духовной сфере имеет первостепенное значение*. Она достигается духовным оружием. И, впоследствии, ее результаты проявятся во всех естественных и материальных сферах.

Есфирь: от бедствия к триумфу

Третий пример совместного поста мы находим в четвертой главе Книги Есфирь. Здесь описан величайший кризис, перед лицом которого когда-либо стоял еврейский народ за всю историю своего существования вплоть до настоящего времени; даже больший, нежели тот, через который они прошли при Адольфе Гитлере. Под властью Гитлера находилась только одна третья часть всех евреев. Во власти персидского царя находился весь еврейский народ. Итак, был издан указ, что в определенный день все они подлежат уничтожению. Имя человека, которого сатана возбудил против евреев, было Аман.

Эта история послужила возникновению еврейского праздника *«Пурим»*, что означает *«жребий»*. Праздник был назван так потому, что Аман бросал жребий, чтобы выбрать день для уничтожения евреев. В данном случае бросание жребия было связано с оккультизмом. Аман искал руководства потусторонних сил. Он полагался на духовные силы и их водительство в истреблении евреев. А это конфликт, который перешел уже на духовный уровень: не просто плоть против плоти, но дух против духа.

Но когда вышел указ об истреблении иудеев, Есфирь со своими служанками приняла вызов. Они понимали, что конфликт происходил в духовной сфере и их ответ был на соответствующем уровне. Они согласились поститься три дня и три ночи без еды и питья. Они условились с Мардохеем, что он соберет всех евреев, живущих в Сузах (столице империи), чтобы они объединились вместе с ними в посте на тот же самый срок. Заметьте, что снова, в часы бедственного кризиса, Божий народ собрался воедино, как во дни Иосафата. Итак, все евреи в Сузах, вместе с Есфирью и ее служанками, постились и молились в течение трех дней, то есть 72 часа без еды и питья.

Результат их коллективного поста и молитвы описан далее в Книге Есфирь. Мы можем кратко подвести итог, сказав, что вся политика Персидского царства совершенно изменилась в пользу евреев. Аман и его сыновья были казнены. Враги евреев по всей Персидской империи потерпели полное поражение. Мардохей и Есфирь стали двумя самыми влиятельными лицами в политике Персидской империи. Евреи наслаждались особой благосклонностью, миром и благополучием. *Все это произошло благодаря только одному: совместному посту и молитве Божьего народа.*

Ниневия сохранена, Самария уничтожена

Мы взяли первые три примера из истории Израиля. Для нашего четвертого и последнего примера обратимся к истории языческого народа. В Книге Ионы показаны отношения Бога с Ниневией, столицей Ассирии, самого сильного на тот период государства древнего мира. Библия изображает Ниневию, как исполненный жестокости, насилия, идолопоклоннический город, созревший для Божьего суда. Бог призвал Иону пойти и объявить Ниневии о надвигающемся уничтожении.

Сначала Иона отказался идти в этот город. Он знал, что Ассирия была врагом его собственного народа и северного Израильского царства. Поэтому, если бы Ниневия была разрушена, то это означало бы ликвидацию угрозы Израилю. В то время как помилование Ниневии усилило бы опасность для Израиля. Иона не хотел идти и провозглашать слово от Бога, поскольку это смогло бы отменить надвигающийся на город суд.

Однако, после вторичного призыва, претерпев суровые дисциплинарные меры от Бога, Иона пошел в Ниневию. Смысл его проповеди был крайне прост: *«Еще сорок дней — и Ниневия будет разрушена!»* (Иона 3:4). Реакция ниневитян была немедленной и драматичной. Она описана в пяти стихах. Книга пророка Иопы 3:5 9:

> *«И поверили Ниневитяне Богу: и объявили пост и оделись во вретища, от большого из них до малого. Это слово дошло до царя Ниневии, — и он встал с престола своего и снял с себя царское облачение свое, и оделся во вретище и сел на пепле, и повелел провозгласить и сказать в Ниневии от имени царя и вельмож его, «чтобы ни люди, ни скот, ни волы, ни овцы ничего не ели, не ходили на пастбище, и воды не пили, и чтобы покрыты были вретищем люди и скот и крепко вопияли к Богу, и чтобы каждый обратился от злого пути своего и от насилия рук своих. Кто знает, может быть, еще Бог умилосердится и отвратит от нас пылающий гнев Свой, и мы не погибнем».*

В Ветхом Завете нет другого примера столь глубокого и всеобщего покаяния со стороны целого общества. Вся нормальная деятельность прекратилась. Царь и вельможи объявили пост и сами показали пример. Все жители Ниневии не только сами последовали этому примеру, но даже стада овец и волов остались без питья и пищи. Весь город положился лишь на милость Божью. Слова не могут передать весь драматизм этой картины. Пост, повсеместный и всеобщий, стал исчерпывающим выражением всей глубины внутреннего сокрушения и смирения.

Ответ Бога на пост ниневитян описан в последнем стихе главы: *«И увидел Бог дела их, что они обратились от злого пути своего, и пожалел Бог о бедствии, о котором сказал, что наведет на них, и не навел»* (стих 10). История свидетельствует, что Ниневия, будучи помилована в этот раз, продолжала существовать как более или менее стабильный и процветающий город в течение приблизительно 150 лет, и была окончательно разрушена в 612 году до Р. Х., как уже после того было предсказано пророками Наумом и Софонией.

Принципы, которые действуют и сегодня

То, как Бог разобрался с Ниневией через пророка Иону, иллюстрирует принцип, который полнее раскрыт в Книге пророка Иеремии 18:7-10:

> *«Иногда Я скажу о каком-либо народе и царстве, что искореню, сокрушу и погублю его; но если народ этот, на который Я это изрек, обратится от своих злых дел, Я отлагаю то зло, которое помыслил сделать ему. А иногда скажу о каком-либо народе и царстве, что устрою и утвержу его; но если он будет делать злое пред очами Моими и не слушаться гласа Моего, Я отменю то добро, которым хотел облагодетельствовать его».*

В отношениях Бога с народами, как Его обетования благословения, так и Его предупреждения о наказании, — все это обусловлено одинаково. Наказание может быть отвращено — даже в последний час — при покаянии. И наоборот, обещанные благословения могут быть отменены из-за неповиновения.

Сопоставляя судьбы Ассирии и северного царства Израиля, мы можем увидеть принципы отношений Бога с народами, которые имеют силу и до сего дня.

В восьмом веке до Рождества Христова языческая Ниневия получила одно предупреждение через пророка Иону, и все население ответило всеобщим и глубоким покаянием. В то же самое время, Израиль слышал неоднократные предупреждения от Бога не только через Иону, но, по меньшей мере, через четырех других пророков: Амоса, Осию, Исаию, Михея. Однако они отвергли этих пророков и не захотели каяться.

И каков был исход этого? Ассирийское царство, столицей которого была Ниневия, стало орудием Божьего наказания для Израиля. В 721 г. до Р.Х. ассирийские цари захватили и разрушили Самарию, столицу Израиля, а жителей всего северного царства увели в плен.

Трагический конец Израиля подтверждает принцип: *«чем больше дано, тем больше спросится»*. Израиль на протяжении долгого времени слышал многих пророков и отверг Божьи предостережения. Ниневия, как только услышала единственного посланного к ней пророка, сразу приняла Божье слово. Этот исторический урок содержит важное предупреждение для тех из нас, кто живет в странах с богатым и продолжительным историческим прошлым христианского влияния и учения. *Будем же опасаться, чтобы обилие дарованного нам не заслонило от нас понимания ответственности за это и всей его актуальности!*

Сегодня Бог снова говорит через Своих посланников Духом Святым народам и городам. Он призывает к покаянию, посту и смирению. Тем, кто послушается, тому будет явлена Его милость — как это было с Ниневией. Кто же отвратится, того ожидает гнев — как это произошло с Израилем.

Глава 8

ПОСТ ПРЕДВАРЯЕТ ИЗЛИЯНИЕ ПОЗДНЕГО ДОЖДЯ

Через всю Библию прослеживается очень четкое равновесие между осуществлением предсказанных заранее Божьих целей и свободным волеизъявлением человека. С одной стороны, предвечный совет Божий, открытый в пророчествах и обетованиях Его Слова, — в конечном итоге, он, несомненно, будет исполнен. С другой стороны, в некоторых случаях Бог ожидает употребления человеческой веры и воли, как обязательного условия для исполнения этих обетований. Понимание этого баланса, и применения его в молитве, является сутью истинного ходатайства.

Пример ходатайства Даниила

Прекрасным примером такого ходатая является Даниил. Он пишет в Книге Даниила 9:2-3:

«В первый год царствования его (царя Дария) я, Даниил, сообразил по книгам число лет, о котором было слово Господне к Иеремии пророку, что семьдесят лет исполнятся над опустошением Иерусалима. И обратил я лице мое к Господу Богу с молитвою и молением, в посте и вретище и пепле…»

Даниил был не только пророком, но и внимательным исследователем пророчеств. Изучая пророчества

Иеремии, он обнаружил это обетование: *«Ибо так говорит Господь: когда исполнится вам в Вавилоне семьдесят лет, тогда Я посещу вас и исполню доброе слово Мое о вас, чтобы возвратить вас на место сие».* (Иеремия 29:10). Даниил знал, что назначенный срок в семьдесят лет был на исходе. И поэтому он понял, что обещанный час освобождения и восстановления близок.

В четвертой главе мы ссылались на пример молитвы из Книги Даниила 6:10. Мы видим, что Даниил еще до этого регулярно — три раза в день — молился о возвращении Израиля из плена на родную землю. И вот откровение пророка Иеремии показало ему, что пришло время Божьего ответа на его молитву. Видя то, как Даниил отреагировал на это откровение, мы извлекаем важнейший урок для нашей практики молитвенного ходатайства. Плотской ум мог истолковать наступление времени исполнения обетования, как освобождение от дальнейшей обязанности молиться. Если стало понятно, что настало время исполниться Божьему обещанию вернуть Израиль, то зачем больше ходатайствовать об этом?

Однако реакция Даниила была полностью противоположной. Он понял обещание Бога не как освобождение от молитвы, но скорее как призыв искать Бога с еще большей ревностью и постоянством, чем прежде. Эта обновленная решимость прекрасно выражена в его собственных словах: *«И обратил я лице мое к Господу Богу...»* (Даниил 9:3). В молитвенной жизни каждого из нас наступает время, когда нам следует принять решение *обратить наше лицо к Богу.* С этого момента нельзя позволять никакому смущающему, отвлекающему или мешающему фактору отвратить нас от принятого решения, пока мы не обретем полную уверенность в ответе, на которую Слово Божье дает нам право.

В своем обращении к Богу с великой ревностью, Даниил понял, что его молитва должна быть подкреплена постом. Он говорит: «*И обратил я лице мое к Господу Богу с молитвою и молением, в посте и вретище и пепле*». Вретище и пепел были общепринятым внешним выражением сетования и скорби. Мы еще раз убеждаемся, насколько тесно *пост* связан с *сетованием*.

Изучая далее молитву Даниила, в следующих стихах мы видим, как пост и молитва, в свою очередь, связаны с сокрушением и смирением. По всем человеческим меркам Даниил был одним из самых благочестивых и богобоязненных людей, каких мы видим на страницах Писания. Однако он ни разу не показывает себя более праведным, чем те, за кого он ходатайствует. Он постоянно отождествляет себя со своим народом при всей их непокорности и уклонении от истины. Он восклицает: «*Согрешили мы, поступили беззаконно... У Тебя, Господи, правда, а у нас на лицах стыд...*» (Даниил 9:5,7). Всегда это «*мы*» и «*у нас*», а не «*они*» и «*у них*». На протяжении всей молитвы, до самого ее конца, Даниил отождествляет себя со своим народом, претерпевающем праведные суды Божьи.

Молитва Даниила оказалась так действенна именно благодаря его личному соучастию и сопереживанию. Это нашло свое выражение тремя способами — разными, но связанными между собою: *через пост, сетование и смирения себя*.

Во 2-м Паралипоменон 7:14 Бог открывает условия, которые должен выполнить Его народ для исцеления своей земли:

«*И смирится народ Мой, который именуется именем Моим, и будут молиться, и взыщут лица Моего, и обратятся от худых путей своих: то Я услышу с неба, и прощу грехи их и исцелю землю их*».

Божьи требования содержат четыре пункта: Его народ должен: *смирить себя, молиться, искать Его лица, и обратиться от худых путей своих*. При выполнении этих условий Бог обещает услышать молитву Своего народа и исцелить землю.

Рассматриваемый нами пример Даниила ясно учит нас, что значит каждое из этих требований. Даниил смирил себя; он молился; он посвятил себя прилежному поиску лица Божьего; он, отождествив себя с грехами своего народа, исповедал и отрекся от этих грехов. Последующие события подтвердили верность Бога в выполнении данного обещания, как только Его условия выполняются, — именно через ходатайство Даниила пришло восстановление Израиля и исцеление для их земли.

Из всех великих образов Библии, пожалуй, именно пример Даниила наиболее точно раскрывает тему данной книги: *«Влияние на историю через пост и молитву»*. Когда Даниил впервые попал в Вавилон, будучи еще юношей, именно благодаря его молитве (вместе с даром откровения) переменилось сердце Навуходоносора, вызвав благосклонность вавилонского царя к евреям. Позже, уже на закате земной жизни Даниила, когда на смену Вавилонскому пришло Мидо-Персидское царство, именно молитвы и посты Даниила полностью открыли путь для восстановления Израиля. В течение почти семидесятилетнего периода главные изменения судьбы Божьего народа можно проследить по молитвам Даниила.

Изучая ходатайства Даниила в свете нашей темы, мы можем извлечь для себя один важный урок. Пророчества и Божьи обетования даны нам не для того, чтобы мы могли оправдать скудость своих молитв. Наоборот, их целью является побудить нас молиться с возрастающей силой и пониманием. Бог открывает нам цели, над осуществлением которых Он работает, не для того, чтобы мы были пассивными зрителями на обочине истории, но затем, чтобы мы могли лично отождествить себя с Его задачами, и, таким образом, стать активно вовлеченными в их осуществление. *Откровение требует посвящения.*

Троекратное воззвание Иоиля

Этот принцип в частности применим к последнему излиянию Святого Духа, который оказывает все большее влияние на все части Церкви по всему миру. Великим пророком, предсказавшим это излияние, был Иоиль. Именно в пророчестве Иоиля, Бог открывает Свой суверенный план — посетить Своим Святым Духом все человечество. Книга пророка Иоиля 2:28:

> *«И будет после того, излию от Духа Моего на всякую плоть, и будут пророчествовать сыны ваши и дочери ваши; старцам вашим будут сниться сны, и юноши ваши будут видеть видения».*

В День Пятидесятницы, когда Дух Святой впервые излился на учеников в Иерусалиме, Петр в своей проповеди процитировал это место из Иоиля следующим образом. Деяния 2:16-17:

> *«Но это есть предреченное пророком Иоилем: «И будет в последние дни, говорит Бог, излию от Духа Моего на всякую плоть, и будут пророчествовать сыны ваши и дочери ваши, и юноши ваши будут видеть видения, и старцы ваши сновидениями вразумляемы будут...»*

Между отрывками Иоиля и соответствующим местом из книги Деяний есть одно существенное различие. Иоиль говорит: *«И будет после того...».* Петр говорит: *«И будет в последние дни...».* Петр отнес эти слова к происшедшему в его дни событию. Мы можем, таким образом, сделать вывод, что Днем Пятидесятницы отмечено начало периода, обозначенного в Писании как *«последние дни».* Этот период *последних дней* все еще продолжается и будет длиться до окончания века сего. Поэтому слова Петра показывают нам вступительный момент начала *последних дней*.

В этой связи очень важно также отметить, что излияние Духа, предсказанное Иоилем, должно быть разделено на две основные фазы *«ранний дождь»* и *«поздний дождь»*. В Книге пророка Иоиля 2:23 сказано так: *«...ибо Он даст вам дождь в меру и будет ниспосылать вам дождь, дождь ранний и поздний, как прежде»*. *«Дождь»* здесь является прообразом изливаемого Святого Духа. При существующем климате Израиля ранние дожди идут в начале зимы (примерно в ноябре), а время поздних дождей — конец зимы (март или апрель). Поэтому, поздний дождь примерно совпадает с Пасхой, которая, согласно Еврейскому религиозному календарю, празднуется в середине *«первого месяца»* (см. Исход 12:2).

Приложив это к духовной сфере, мы приходим к заключению, что ранний дождь Святого Духа знаменует начало последних дней, а поздний дождь Святого Духа свидетельствует о завершении последних дней. Бог начинает и заканчивает Свои отношения с Церковью на земле всеобщим излиянием Своего Святого Духа. Ранний дождь пролился на Раннюю Церковь. А в наши дни мы наблюдаем излияние позднего дождя Святого Духа на Церковь по всему миру. Вот значение слов Петра о *«последних днях»*.

Теперь давайте обратимся к первоначальному варианту пророчества, как сказано в Книге пророка Иоиля 2:28: *«И будет после того, излию от Духа Моего на всякую плоть...»*. Там, где Петр говорит *«в последние дни»*, Иоиль говорит *«после того»*. Чтобы понять полное значение пророчества Иоиля, мы должны исследовать, к чему относятся слова *«после того»*? После чего? Очевидно, он ссылается на что-то, что уже было сказано в его пророчестве прежде.

Если мы вернемся к началу пророчества Иоиля, то увидим картину полного и безнадежного разорения. Это касается каждой сферы жизни Божьего народа. Все находится в упадке, — нет ничего, на что можно было бы опереться, чтобы изменить ситуацию. Все настолько мрачно, что нет ни единого луча надежды для Израиля, никакого человеческого решения. Что же Бог повелевает Своему народу делать? Решением, обратиться к которому призывает Бог, является *всеобщий пост*. Иоиль 1:14:

«Назначьте пост, объявите торжественное собрание, созовите старцев и всех жителей страны сей в дом Господа Бога вашего и взывайте к Господу».

«Назначьте пост» — в оригинале сказано буквально следующее: *«освятите пост», «отделитесь для поста».* Божий призыв к посту должен преобладать над всем остальным. Все остальные дела — религиозные и мирские — должны отступить на второй план. Затем, сделано особое ударение на *старейшинах* (в Синод. переводе: *«старцах»*). В данном вопросе на лидерах Божьего народа лежала особая ответственность. Но к этому действию призваны также и *все жители страны*. Никаких исключений не должно быть. От Божьего народа требовалось объединение перед лицом общей нужды. Все жители страны призываются собраться вместе и соединиться в посте, точно так же, как в дни Иосафата, Ездры и Есфири.

В Книге пророка Иоиля 2:12 этот призыв звучит снова: *«Но и ныне еще говорит Господь: обратитесь ко Мне всем сердцем своим в посте, плаче и рыдании».* В часы кризиса, подобного этому, одной молитвы недостаточно. Прошение должно быть усилено постом, смирением, рыданием и плачем. (Мы снова обращаем внимание на тесную связь, существующую между *постом* и *сетованием*).

В 15 стихе призыв Иоиля к посту звучит в третий раз: «*Вострубите трубою на Сионе, назначьте пост и объявите торжественное собрание*». Сион — это место собрания Божьего народа. «*Вострубить трубою*» — это публичная форма провозглашения или призыва к чему-нибудь. Пост, провозглашенный таким образом, не является личным или тайным. Библия ясно указывает, что бывают времена, когда пост должен быть публично провозглашен для всего народа Божьего.

Далее, в стихах 16 и 17, говорится:

«*Соберите народ, созовите собрание, пригласите старцев, соберите отроков и грудных младенцев... Между притвором и жертвенником да плачут священники, служители Господни...*»

И снова, хотя говорится об участии всего народа, особым образом подчеркивается роль возглавляющих народ *священников, служителей* и *старцев*. В шестой главе нашей книги мы убедились, что ответственность — являть личный пример поста — в Новом Завете была возложена теперь уже на старейшин Церкви.

Итак, в приведенных выше стихах Бог трижды призывает Свой народ к посту. И затем следует обещание: «*И будет после того, излию от Духа Моего на всякую плоть...*». Так после чего же? *После того, как народ Божий примет Его призыв к посту и молитве.* Сегодня Дух Божий изливается в определенной мере. И повсюду и во всем видны свидетельства, что наступило время для «*позднего дождя*» Господня. И, однако, мы видим только маленькую частицу всеобщего излияния, которую ясно предсказывает Библия. Бог ждет от нас исполнения Его требования. *И чтобы приблизить всю полноту позднего дождя, необходима объединенная молитва и пост.*

В этом отношении наше сегодняшнее положение очень похоже на положение, в каком находился Даниил во время начала правления Дария. Даниил увидел руку Бога в том, как сложилась политическая ситуация. Он увидел из Священного Писания, что настало время для назначенного Богом восстановления Израиля. Движимый двойным свидетельством, он посвятил себя посту и молитве. Только таким образом Божьи обетования могут быть приведены к назначенному исполнению.

Главной целью Бога во дни Даниила было восстановление Израиля. Бог направил Свои действия к тому, чтобы вернуть Божий народ в наследие, которого они лишились из-за своего непослушания. То же самое истинно и сегодня. Излияние Святого Духа есть намеченное Богом средство восстановления. Сам Бог провозглашает это в Книге пророка Иоиля 2:25: *«И воздам вам за те годы, которые пожирали саранча, черви, жуки и гусеница — великое войско Мое, которое послал Я на вас»* (буквально: «Я восстановлю для вас все годы...» — *прим. ред.*).

Три с половиной века назад часть Церкви пережила Реформацию. Но сегодня цель Бога — *восстановление*. Бог движется в том, что восстанавливает каждую сферу наследия Своего народа к его первоначальному состоянию. *«Ранний дождь»* способствовал появлению на свет Церкви, которая соотвествовала Божьим стандартам чистоты, силы и порядка. *«Поздний дождь»* восстановит Церковь тех же стандартов. Тогда — и только тогда — Церковь будет способна выполнить свое назначение в мире. Это цель, к которой сегодня Бог направляет Свои действия.

Великая глава о посте Книги пророка Исаии

Было бы уместно завершить наше изучение темы поста, обратившись к 58-й главе Книги пророка Исаии. Это *«великая глава о посте»* Ветхого Завета. В ней

Исаия говорит о двух видах поста. В стихах с 3 по 5 он описывает пост, который неугоден Богу; затем в стихах с 6 по 12 — пост, к которому Он благоволит.

В первом случае ошибка заключается главным образом в мотивах и отношении человека практикующего пост. Исаия 58:3-5:

«...Вот, в день поста вашего вы исполняете волю вашу, и требуете тяжких трудов от других. Вот, вы поститесь для ссор и распрей и для того, чтобы дерзкою рукою бить других... Таков ли тот пост, который Я избрал, — день, в который томит человек душу свою, когда гнет голову свою, как тростник...?»

Для людей, о которых здесь говорится, пост просто был общепринятой частью религиозного ритуала. Таков был пост фарисеев в дни земной жизни Иисуса. Там не было настоящего покаяния или смирения. Напротив, они продолжали заниматься обычными мирскими делами и не думали отказываться от всех злых наклонностей: эгоизма, высокомерия и притеснения других. Выражение *«гнуть голову свою как тростник»* является очень наглядным описанием определенных форм молитвы, до сих пор практикуемой некоторыми ортодоксальными иудеями, во время которых они раскачивают всем телом вперед и назад, механически повторяя молитвы, смысл которых они не всегда понимают.

С другой стороны, пост, который угоден Богу, движим совершенно другими мотивами и отношением. В шестом стихе Исаия так определяет мотивы такого поста: *«...разреши оковы неправды, развяжи узы ярма, и угнетенных отпусти на свободу, и расторгни всякое ярмо...»*. Писание и практика подтверждают, что многие оковы не будут разбиты, многие бремена не будут свергнуты и многие угнетенные не будут освобождены до тех пор, пока народ Господа (особенно его руководители) не последуют призыву Бога к посту и молитве.

Далее пророк говорит об отношении к другим людям — особенно к нуждающимся и угнетенным. Пост, одобренный Богом, включает в себя: *«Раздели с голодным хлеб твой, и скитающихся бедных введи в дом; когда увидишь нагого, — одень его, и от единокровного твоего не укрывайся».* Такой пост должен сочетаться с искренним и практическим милосердием в нашем отношении к окружающим, — особенно к тем, кто нуждается в нашей поддержке и помощи.

Исаия еще раз предостерегает против неверной позиции, связанной с постом, который не угоден Богу и противопоставляет эту позицию истинному живому милосердию: *«...Когда ты удалишь из среды твоей ярмо, перестанешь поднимать перст и говорить оскорбительное, и отдашь голодному душу твою, и напитаешь душу страдальца...»* (стихи 9 и 10).

Понятия *«удалить ярмо»*, *«поднятый перст»*, и *«оскорбительная (тщеславная) речь»* могут быть суммированы такими словами: *законничество, критицизм и неискренность.*

Теперь давайте рассмотрим все благословения, обещанные в этой главе пророка Исаии тем, чьи посты угодны Богу. Эти благословения перечисляются в стихах с 8 по 12. В первую очередь Исаия говорит о благословениях исцеления (здоровья) и правды (праведности):

> *«Тогда откроется, как заря, свет твой, и исцеление твое скоро возрастет, и правда твоя пойдет пред тобою, и слава Господня будет сопровождать тебя».*

Это обетование созвучно обетованию из Книги пророка Малахии 4:2: *«А для вас, благоговеющие пред именем Моим, взойдет Солнце правды и исцеление в лучах Его...».* Контекст пророчества Малахии указывает на то, что это обетование имеет особую силу и особую актуальность в период, предшествующий окончанию века сего.

Девятый стих говорит о благословении услышанной молитвы: *«Тогда ты воззовешь, и Господь услышит; возопиешь, и Он скажет: "вот Я!"...»* — вот Господь, готовый внимать человеку и ответить на каждое его прошение и восполнить всякую нужду.

Далее, в стихах 10 и 11, Господь описывает благословения водительства и плодотворности: *«...тогда свет твой взойдет во тьме, и мрак твой будет как полдень; и будет Господь вождем твоим всегда, и во время засухи будет насыщать душу твою и утучнять кости твои, и ты будешь, как напоенный водою сад и как источник, которого воды никогда не иссякают».*

И, наконец, в 12 стихе, Исаия говорит о благословении восстановления: *«И застроятся потомками твоими пустыни вековые: ты восстановишь основания многих поколений, и будут называть тебя восстановителем развалин, возобновителем путей для населения».*

Так же, как Иоиль, пророк Исаия указывает на тесную связь между постом и восстановлением Божьего народа. Исаия завершает слово о посте темой застройки вековых пустынь, восстановления развалин, возобновления путей для населения. Дело восстановления Своего народа является желанием Бога в это время. Он обозначил средства для выполнения этой задачи — *пост* и *молитва*.

В свете этого ясного и неопровержимого послания из Слова Божьего, каждый из нас оказывается перед необходимостью личного решения. В Книге пророка Иезекииля 22:30 Бог говорит: *«Искал Я у них человека, который поставил бы стену и стал бы предо Мною в проломе за сию землю, чтоб Я не погубил ее, но не нашел».* Сегодня Бог снова ищет подобного человека. Готовы ли вы предложить себя Богу для этой цели? Готовы ли вы посвятить себя посту и молитве?

Объединитесь ли вы с другими, имеющими такое же видение и ту же решимость, чтобы совместно отделить время для поста и молитвы?

Освятим время для поста! Созовем торжественное собрание! Объединимся и сплотимся вместе!

Глава 9

ПРАКТИЧЕСКОЕ РУКОВОДСТВО К ПОСТУ

Сегодня для многих христиан — если не для большинства — перспектива поста является чем-то незнакомым и даже несколько пугающим. Зачастую после проповеди о посте ко мне подходят люди с вопросами: *«Как начать поститься?» «Существуют ли какие-нибудь опасности, которых следует остерегаться?» «Не могли бы вы дать практический совет?»*

Пост подобен молитве

Практически все, кто задает подобные вопросы, уже знакомы с молитвенной практикой. Поэтому для начала полезно будет показать, в чем пост и молитва имеют сходство.

Каждый ответственный и верный христианин развивает свою молитвенную жизнь на регулярной основе. Большинство христиан находят очень практичным ежедневно отделять определенное время для личной молитвы. Достаточно часто они делают это рано утром перед началом обычной деятельности. Другие предпочитают молитвой завершать свой день. Некоторые сочетают утреннюю и вечернюю молитву. Каждый устанавливает это исходя из собственных обстоятельств и предпочтений, и согласно личному водительству Святого Духа.

Однако каждый христианин знает, что помимо этого регулярного времени, бывают времена, когда Святой Дух побуждает выделить особое время молитвам. Это может быть вызвано каким-то чрезвычайным обстоятельством или серьезной проблемой, которая не может быть разрешена обычной ежедневной молитвой. Часто в таких случаях молитвы более интенсивны и продолжительны, чем обычные ежедневные молитвы.

Те же самые принципы применимы и к посту. Каждый христианин, который решает сделать пост частью личной духовной практики, должен быть мудрым, выделяя в неделю один или несколько определенных отрезков времени для этого. Таким образом, пост станет частью регулярной духовной практики точно так же, как молитва. Однако, вполне вероятно, что помимо этих регулярных еженедельных постов могут возникать случаи, когда Дух Святой начнет побуждать к более интенсивному и продолжительному посту.

Удивительно, как быстро организм приспосабливается к регулярному посту. С 1949 по 1956 годы я был пастором в Лондоне. В течение этих лет мы с женой, как правило, посвящали каждый четверг посту. Вскоре мы обнаружили, что наши желудки «настроились» на этот день точно так же, как будильник заводится на определенный час. Когда наступал четверг, даже если нам случалось забывать, какой это день недели, наши желудки не предъявляли своих обычных требований. Помню, как однажды Лидия сказала мне: *«Должно быть сегодня четверг, — у меня совершенно нет аппетита!»*

В самом начале методистского движения регулярные посты занимали особое место в духовной практике христиан. Сам Джон Уэсли сделал это обязательной частью своей духовной дисциплины. Он напоминал, что Ранняя Церковь постилась каждую среду и пятницу, и побуждал всех методистов своего времени к тому же. Он не ставил на служение никого, кто не был согласен посвятить каждую среду и пятницу посту, с вечера и до 16 часов дня.

Конечно же, в том, что касается поста и молитвы мы должны быть внимательны, чтобы не скатиться к законничеству. В Послании к Галатам 5:18 Павел говорит: *«Если же вы духом водитесь, то вы не под законом»*. Для христианина, водимого Святым Духом, как молитва, так и пост не должны становиться предписанным, законническим обязательством, какие возлагались на Израиль под законом в Ветхом Завете. А поэтому, христианин может чувствовать себя совершенно свободным, чтобы в любое время сменить режим молитвы и поста, в зависимости от обстоятельств или же по водительству Святого Духа. Никогда нельзя допускать, чтобы в связи с этим у христианина появились чувства вины или самоосуждения.

В шестой главе этой книги мы упоминали, что Иисус в Нагорной проповеди, говоря о посте, пользовался тем же языком, что в наставлении относительно молитвы. *«Когда молишься...»* (в отношении индивидуальной молитвы), *«когда молитесь...»* (в отношении коллективной молитвы). Подобным же образом Он учил о посте — *«когда постишься...»* (применительно к отдельному человеку); *«когда поститесь...»* (применительно к группе людей).

Христианине знакомы с практикой собрания вместе для общей молитвы. В большинстве церквей принято проводить еженедельно специальное «Молитвенное собрание». Собранию вместе для общего поста есть столько же много примеров в Писании, как и собранию для общей молитвы. В седьмой и восьмой главах этой книги мы рассмотрели целый ряд примеров Ветхого Завета, где Бог призывал Свой народ ко всеобщему посту. В шестой главе мы видели из Нового Завета, что во времена Ранней Церкви совместный пост практиковался целыми церковными общинами во главе с руководителями, подающими пример.

Люди иногда возражают, говоря, что Иисус предостерегал учеников от публичного поста. Они цитируют Матфея 6:17-18:

> *«А ты, когда постишься, помажь голову и умой лице твое, чтобы явиться постящимся не пред людьми, но пред Отцем твоим, Который втайне; и Отец твой, видящий тайное, воздаст тебе явно».*

Как уже было отмечено, Иисус здесь употребляет форму единственного числа, говоря о личном посте. Это логично. Верующий, который постится индивидуально, не имеет необходимости делать свой пост публичным.

Однако в предыдущем стихе Иисус использует форму множественного числа, говоря о совместном посте (стих 16):

> *«Также, когда поститесь (множеств. число), не будьте унылы, как лицемеры; ибо они принимают на себя мрачные лица, чтобы показаться людям постящимися. Истинно говорю вам, что они уже получают награду свою».*

Здесь Иисус предостерегает против ненужной показной стороны поста. Но эти слова о совместном посте совсем не означают, что следует это делать так, чтобы никто этого не знал. И это логично. Явно, что люди не смогут объединиться для коллективного поста пока об этом не будет договорено и объявлено. Будучи объявленным, это не может быть тайным.

Вне всякого сомнения, внушение о том, что христиане должны поститься только тайно и лично, происходит от сатаны. Это лишает Божий народ самого сильного оружия, а именно — провозглашенного совместного поста. Выступающие против общего поста, как правило, делают ударение на необходимости смирения. Но призывы к смирению, в данном случае, на самом деле являются лишь благочестиво звучащим прикрытием неверия и непослушания.

Определив основные принципы, применимые к молитве и к посту, мы можем приступить к изучению самого поста. На основании многих лет личного опыта, я выработал некоторые рекомендации, которые помогут извлечь из поста максимум пользы. Изложу их вкратце. Для лучшего восприятия вначале мы поговорим о практике индивидуального поста, а затем рассмотрим совместный пост.

Наставления для индивидуального поста

1. Входите в пост с позитивной верой. Бог ожидает такой веры от всех, кто обращается к Нему, *«ибо надобно, чтобы приходящий к Богу веровал, что Он есть, и (прилежно) ищущим Его воздает»* (Евреям 11:6). Если вы примете решение искать Бога в посте, то можете быть уверены на основании обетования Священного Писания, что Бог воздаст вам. В Матфея 6:18 Иисус дает обещание верующему, который постится с внутренними мотивами, угодными Богу: *«...и Отец твой, видящий тайное, воздаст тебе явно»*.

2. Помните, что *«вера от слышания, а слышание от Слова Божия»* (Римл. 10:17). Ваш пост должен основываться на убеждении, что Слово Божье предписывает это, как неотъемлемую часть нормальной христианской жизни. Предыдущие три главы этой книги помогут вам обрести подтверждение этому.

3. Не ждите чрезвычайных обстоятельств, чтобы начать поститься. Лучше начинать, когда духовно вы на «подъеме», нежели, когда вы пережи-

ваете «спад». Закон возрастания в Царстве Небесном: *«от силы в силу»* (Псалом 83:8), *«от веры в веру»* (Римл. 1:17), *«от славы в славу»* (2 Кор. 3:18).

4. Не следует браться сразу за слишком длительный пост. Если вы поститесь впервые, то пропустите один или два приема пищи. Постепенно переходите к более продолжительным постам, сроком 1-2 дня. Лучше начинать с короткого поста, назначить небольшой срок и достичь цели. Если же вы замахнетесь на слишком большой срок поста и не выдержите (или же достигнете этого слишком большой ценой, как говорится «на надрыве», и с чувством страха — *прим. ред.*), это может оказать на вас деморализующее действие, вызвать боязнь и нежелание поститься в дальнейшем.

5. Во время поста обильно уделяйте время чтению Библии. По возможности, читайте места Писания даже перед тем, как молиться. В частности в этом отношении очень полезны Псалмы. Читайте вслух, произнося от своего имени молитвы, хвалу и исповедания, содержащиеся в Псалмах.

6. Часто полезно определять особые цели для своего поста и составлять их список. Если вы сохраните эти списки и будете молиться и обращаться к ним через какое-то время, ваша вера укрепится, когда вы увидите, как многое из ваших целей осуществилось.

7. Избегайте религиозного хвастовства. Кроме особого времени молитвы и другого рода духовной деятельности ваша жизнь и поведение во время поста должны быть максимально естественными и скромными. В этом суть предупреждения, данного Иисусом в Матфея 6:18. Помните, что чем можно было бы хвалиться, уничтожено

законом веры (см. Римл. 3:27). Постом вы не можете заработать никаких духовных отличий. Это лишь часть ваших обязанностей, как посвященного христианина. Помните предупреждение Иисуса, записанное в Евангелии от Луки 17:10: *«Так и вы, когда исполните все повеленное вам, говорите "мы рабы ничего нестоющие, потому что сделали, что должны были сделать"».*

8.   Внимательно проверяйте свои мотивы каждый раз, когда приступаете к посту. Найдите время перечитать Исаию 58:1-12 еще раз. Отметьте, какие мотивы и цели неугодны Богу. Затем те, которые угодны Ему. Ваши собственные цели должны соответствовать Божьим.

Физические аспекты поста

Пост, практикуемый со здравым подходом и внимательным отношением, благотворен также и для физического тела. Здесь указаны некоторые пункты, соблюдая которые вы можете извлечь физическую пользу от поста.

1.   Помните, что тела ваши суть храм живущего в вас Святого Духа (1 Кор. 6:19). Богу угодно, когда вы проявляете надлежащую заботу о своем теле, стремясь сделать его чистым и исправным храмом для Его Духа. Здоровье — это одно из тех благословений, которое особым образом обещано тем, чей пост угоден Богу (Исаия 58:8).

2.   Если вы находитесь под регулярным медицинским наблюдением, или страдаете от какого-либо хронического заболевания (например, диабет или туберкулез), то было бы мудро обратиться за медицинским советом, прежде чем приступать к посту продолжительностью более одного или

двух приемов пищи.

3. В самом начале поста вы можете испытывать неприятные физические ощущения, такие как головная боль, головокружение, тошнота и т.д. Как правило, это является признаком, что вам давно уже следовало попоститься и что вы нуждаетесь в очищающем воздействии поста в разных частях вашего тела. Не позвольте физическому дискомфорту отпугнуть вас. Обратите ваше лицо к Богу и пройдите через пост, который вы назначили (Иез. 4:3). Как правило, после первого или второго дня поста эти неприятные физические реакции утихают.

4. Помните, что чувство голода частично связано с привычкой. На ранних стадиях поста голод может усиливаться при приближении времени, когда вы обыкновенно принимаете пищу. Но если вы проявите воздержание, ощущение голода пройдет даже без приема пищи. Иногда вы можете обмануть свой желудок, выпив вместо еды стакан воды.

5. Остерегайтесь запора. Перед и после поста выбирайте пищу, которая поможет вам в этом отношении. Например, свежие фрукты и фруктовые соки, сушеный инжир, чернослив, абрикосы, овсяные каши, и т.д.

6. Во время поста некоторые люди употребляют только воду. Другие употребляют фруктовые соки, бульон, простоквашу и т.д. В любом случае, разумно воздерживаться от сильных, возбуждающих напитков, таких как чай и кофе. Не связывайте себя теориями других людей. Выработайте для себя особый режим поста, который вам подходит лучше всего.

7. Писание содержит несколько примеров особых постов — когда люди на время отказывались

не только от пищи, но и от воды. *Но такой пост не должен превышать 72 часов.* Этот предел был достигнут Есфирью и ее служанками (Есфирь 4:16). Превышение этого срока может привести к тяжелым физическим последствиям. Это правда, что Моисей два раза был в сорокадневном посту без еды и питья (Второзаконие 9:9,18). Но следует помнить, что Моисей в это время находился в сверхъестественной сфере, в непосредственном присутствии Бога. Пока вы не окажетесь на том же сверхъестественном уровне, не пытайтесь следовать примеру Моисея.

8. Выходите из поста постепенно. Начните с нетяжелой, легкоусвояемой пищи. Чем дольше вы постились, тем осторожнее вы должны выходить из поста. Именно тогда наступает момент, когда вам необходимо проявить особую сдержанность и самоконтроль. Слишком тяжелая еда после поста может вызвать серьезные физические неудобства и свести на нет физическую пользу поста.

9. Во время поста, который превышает двухдневный срок, ваш желудок сжимается. Не перегружайте его опять. Если вы склонны питаться слишком плотно, — остерегайтесь, чтобы это не вошло у вас в привычку. Если вы натренируете себя не переедать, то ваш желудок настроится на этот режим.

Руководства для совместного поста

Для общего поста остаются в силе все советы, данные выше в отношении индивидуального поста. Есть лишь несколько дополнений, которые следует принять к сведению.

1. В Евангелии от Матфея 18:19 Иисус подчеркивает особую силу, которая действует при достижении *согласия* в молитве. Для этого все участвующие в коллективном посте должны сделать все возможное, чтобы достичь и сохранить такое единство между собой.

2. В частности принимающие участие в совместном посте должны посвятить себя особой молитве друг за друга во время поста.

3. Должно быть избрано такое место и время собрания, чтобы участвующие в посте имели возможность собраться вместе.

Свидетельство Божьей верности

Уместно будет завершить эту главу своим личным свидетельством о Божьей верности. Время от времени на протяжении более чем пятидесяти лет я посвящал себя постам и молитвам с особыми целями. Список их сохранился у меня до сих пор.

Просматривая эти записи, я удивляюсь тому, насколько часто и каким самым удивительным образом Бог отвечал на мои молитвы. Порой между датой моего особого молитвенного прошения и ответом на него проходило достаточно много времени. Бывало, что я забывал то, о чем когда-то молился. Но просматривая свои записи, я убеждаюсь, что Бог ничего не забыл. Своим путем, в Свое время Бог отвечал даже на те молитвы, которые выпали из моей памяти.

Сейчас, когда я пишу эти строки, передо мной лежит список того, о чем я постился и молился в 1951 году, начиная с 24 июля и по 16 августа, то есть 24 дня. В те дни я все свое время посвящал пасторскому служению. Я продолжал выполнять все мои обязанности. Каждую неделю это включало в себя пять церковных служений, а также три собрания на улице.

Разбирая свои старые записи, сейчас мне немного забавно видеть, что в тот период я заполнял список своих особых молитвенных нужд на греческом языке. Для меня то, о чем я молился, было настолько личным и сокровенным, что я хотел, чтобы содержание записей было известным только мне и Богу. По этой причине я делал их на языке, не понимаемом окружающими людьми!

Список моих молитвенных нужд был разделен на пять главных разделов:

1) мои личные духовные нужды;

2) нужды моей семьи;

3) церковные нужды;

4) нужды моей страны (Британия);

5) мировые нужды.

Многое из того, о чем я молился, остается слишком личным. Однако, вот несколько пунктов, которыми я могу поделиться.

Когда я просматриваю самые разные различные прошения относительно своей семьи, то вижу, что на все из них пришел ясный ответ. Одной из нужд, записанных в этом разделе, было спасение (обращение ко Христу) моей матери, которое произошло через пятнадцать лет после того, как я начал молиться и поститься об этом.

Среди прошений, касающихся меня лично — получить четыре духовных дарования. В то время я достаточно туманно понимал природу даров, к которым стремился. Однако сегодня я могу сказать, что все четыре дара регулярно проявляются в моем служении.

Молитвы, которые я совершал за Церковь и весь мир, по большей части получили ответ в повсеместном излиянии Святого Духа, происходящем в наши дни. Однако я верю, что если народ Божий, в более широком масштабе, будет продолжать искать Его более усердно с постом и молитвой, то мы увидим такое движение Святого Духа по всему миру, которого не было в человеческой истории. И тогда мы действительно увидим исполнение пророчества Аввакума 2:14: *«Ибо земля наполнится познанием славы Господа, как воды наполняют море»*.

Из многих прошений для Британии, только малая часть получила ответ. Однако, в 1953 году — через два года после моего поста и молитвы по данному прошению — Бог пробудил меня однажды ночью и ясным образом проговорил ко мне. Первое обещание, которое Он дал: *«В США и Великобритании будет великое пробуждение»*. Пробуждение уже движется в США и есть признаки того, что оно зарождается и в Британии. В моем сердце нет сомнений, что обещание Бога относительно Британии исполнится. По Его милости мне хотелось бы быть свидетелем этого.

Когда я заново размышляю о моем личном опыте и о явлении Божьей силы и верности, то невольно вторю словам Павла из Послания к Ефесянам 3:20-21:

> *«А Тому, Кто действующею в нас силою может сделать несравненно больше всего, чего мы просим, или о чем помышляем, тому слава в Церкви во Христе Иисусе во все роды, от века до века. Аминь».*

Глава 10

ЗАЛОЖЕННОЕ ПОСТОМ ОСНОВАНИЕ

В 1970 и 1971 годах город Плимут (штат Массачусетс) отмечал 350-ю годовщину высадки Пилигримов (английских колонистов) в этом месте побережья Америки. В городе был избран специальный комитет с целью организации разного рода торжеств на время праздника. Этот комитет оказал мне честь, пригласив дать серию проповедей в Церкви Пилигримов города Плимута. Во время моего пребывания в Плимуте два члена комитета были настолько любезны, что вызвались показать мне исторические места, а также познакомить с документами времен Пилигримов. Таким образом я впервые познакомился с книгой *«Плимутское поселение»*, написанной Уильямом Брэдфордом.

Предыстория Пилигримов

Получив лучшее образование Британии, я не помню, чтобы слышал когда-либо в ходе учебы о Пилигримах. Выражение «Отцы-Пилигримы» (английские колонисты в Америке), обычно употребляемое американцами, создавало в моем представлении смутный образ суровых старцев с длинными белыми бородами, одетых в строгую темную одежду, религиозного покроя. Я удивился, обнаружив, что большинство Пилигримов, приехавших в то время в Америку, были еще совсем молодыми мужчинами и женщинами. Например, Уильяму Брэдфорду в 1621 году исполнился лишь 31 год, когда он был назначен первым губернатором колонии. Большинство других Пилигримов были приблизительно того же возраста или моложе. Изображение Брэдфорда и его сотоварищей на мемориальной доске, находящейся на борту копии корабля «Мэйфлауэр» в Плимутской гавани, сильно напоминает мне участников движения «Народ Иисуса», которое появились в Америке в шестидесятые годы двадцатого века (такое название получило мощное пробуждение среди американской молодежи, хиппи и неформалов — *прим. ред.*).

Когда я изучал записи, сделанные рукою самого Брэдфорда об основании Плимутской колонии и ее первоначальных трудностях, во мне возникло и окрепло сильное чувство духовного родства с ним и его друзьями. Я обнаружил, что образ их жизни целиком строится на базе систематического учения и практического применения Писания. Я обнаружил, что полностью согласен с главными убеждениями и выводами, к которым они пришли в результате этого изучения. Надо сказать, что они близко связаны с некоторыми центральными темами этой книги.

Поскольку я сам имею ученые степени Кембриджского университета и был действительным членом Ученого совета Кингз-Колледжа в Кембридже, мне было особенно интересно узнать, сколько духовных вождей Пилигримов получили образование в Кембридже. Вот трое, которые были в центре событий, и о которых невозможно не упомянуть, говоря об истории Пилигримов: Ричард Клифтон, Джон Робинсон, Уильям Брюстер. Клифтон был пресвитером общины в английском городе Скруби, откуда все началось. Робинсон был пресвитером общины Пилигримов в Голландии. Брюстер был пресвитером, который сам совершил путешествие на «Мэйфлауэр» и стал главным духовным лидером первой колонии в Плимуте. Все трое получили образование в Кембридже.

В течение нескольких месяцев, после посещения Плимута, я много разъезжал и проводил собрания в различных частях США. Я начал делиться с американскими христианами своими волнующими и воодушевляющими открытиями из книги Брэдфорда *«Плимутское поселение»*. К моему удивлению я столкнулся с почти полным и всеобщим безразличием к этому вопросу. Многие люди, которые имели как минимум среднее образование, родились и выросли в США, признавались, что они вообще ничего не слышали о книге Брэдфорда. Лишь немногие признались, что что-то слышали о ней, но не было ни одного, насколько я помню, кто бы ее читал.

По этой причине, я полагаю, не будет лишним процитировать отрывки из книги Брэдфорда, которые имеют отношение к теме нашего настоящего исследования. Все цитаты взяты из издания, опубликованного «Модерн Лайбрари Букс», с предисловием и примечаниями Самуэла Е. Мориссона.

Все направление жизни Брэдфорда было сформировано духовным опытом его детства и юношества. В предисловии Мориссона к книге Брэдфорда, эти факты кратко описаны так:

«Уильям Бредфорд родился в Аустерфильде, графство Йоркшир, весной 1590 года... В возрасте 12 лет он стал постоянно читать Библию — Женевского издания, которое он в основном цитирует — и еще в отроческом возрасте Слово так сильно коснулось его, что он присоединился к группе пуритан, которые собирались для молитв и дискуссий в доме, принадлежащем Уильяму Брюстеру в окрестности деревни Скруби. Когда эта группа, вдохновленная преподобным Ричардом Клифтоном, стала в 1606 году самостоятельной Конгрегационной Церковью, Брэдфорд присоединился к ней, не смотря на "гнев дядюшек" и

"насмешки соседей". С тех пор и до самой смерти около 50 лет спустя, жизнь Брэдфорда вращалась вокруг этой церкви — сначала в Скруби, затем в Нидерландах, и, наконец, в Новой Англии».

Полная Реставрация
а не Реформация

Хотя Пилигримы вначале были объединены с пуританами, между ними существовали серьезные различия. Те и другие видели необходимость религиозной реформы, но они расходились во взглядах относительно средств достижения этой реформы. Пуритане решили остаться в исторически сложившейся церкви и провести реформу изнутри — при необходимости путем принуждения. Пилигримы стремились к свободе, и отказывались от возможности использовать рычаги светского правительства, чтобы навязать свои взгляды другим. Это различие во взглядах выражено в следующем отрывке из книги Леонарда Бэкона *«Происхождение Церквей Новой Англии»*:

«В Старом Свете, на другом берегу океана, пуританин был националистом, полагающим, что христианская нация это и есть христианская церковь. Он требовал, чтобы Церковь Англии была тщательно реформирована. В то время как Пилигрим был сепаратистом, отделившимся не только от англиканского молитвенника и епископата королевы Елизаветы, но и от всех национальных церквей...

Пилигрим желал свободы для себя самого, своей жены, своих детей и своих братьев, — свободы ходить в Господе, ведя христианскую жизнь, согласно заповедям и мотивации жизни, открываемым ему из Слова Божьего. Для этого он отпра-

вился на изгнание, для этого пересек океан, для этого он построил себе дом в диком крае. Идея пуританина — это не вольность, но правильное правление в церкви и в государстве, — такое правление, которое не только ему позволяло бы жить согласно своей совести, но и обязывало других людей вести себя правильным образом».

Различия между пуританами и Пилигримами можно выразить в двух словах: *Реформация* и *Реставрация*. Пуритане стремились реформировать ту церковь, которая существовала в их время. Пилигримы полагали, что исключительная цель Бога была воссоздать Церковь в том первоначальном виде, в каком она изображена в Новом Завете. Эта мысль очень ясно выражена в первом абзаце первой главы книги Брэдфорда, где он выражает общие взгляды Пилигримов так: *«...церкви Божии возвратятся к своей новозаветной чистоте и вновь обретут свой первоначальный порядок, свободу и красоту».*

Далее, в той же главе своей книги, Брэдфорд опять возвращается к этой теме, провозглашая цель Пилигримов:

«Они трудились над тем, чтобы правильное поклонение Богу и дисциплина Христова были утверждены в церкви согласно Евангельской простоте, без примеси человеческих измышлений; чтобы иметь заповеди Слова Божьего и быть управляемыми ими под руководством достойных этого, согласно Писанию, служителей: пастырей, учителей, старейшин и т.д.».

С этой целью первоначальные группы верующих из Ноттингеймшира, Линкольншира и Йоркшира *«...объединились (по заповеди Господней) в церковную общину, братство Евангельское, чтобы во всем ходить Его путями, которые им были открыты, прилагая для этого все силы и старания, чего бы это ни стоило, и с упованием на помощь Господа».*

Позже, когда община переехала в Лейден, в Голландию, Брэдфорд описывал их жизнь там такими словами: «*...они настолько приблизились к образцу тех первых Церквей апостольских времен, как никто в это последнее время...».*

И снова, в четвертой главе, Брэдфорд говорит о главной причине, побудившей Пилигримов предпринять путешествие в Америку:

«Наконец (хотя это не было последним), ими двигал их внутренний огонь и великая надежда заложить прочное основание... для проповеди и распространения Евангелия Царства Христова в отдаленных частях света. Да, они полагали камни фундамента, чтобы другие могли на этом основании совершить великое дело».

Провозглашение совместного поста

Пилигримов отличало то, что они по-настоящему верили в действенность совместных постов и объединенных молитв, и практиковали их. Книга Брэдфорда приводит много примеров этому. Один из самых трогательных примеров мы находим в описании приготовления Пилигримов к отплытию из Лейдена:

«Итак, готовясь к отъезду, они объявили торжественный день смирения. Пастор Джон Робинсон зачитал отрывок из книги Ездры 8:21: "И провозгласил я там пост у реки Агавы, чтобы смириться нам пред лицом Бога нашего, просить у Него благополучного пути для себя и для детей наших и для всего имущества нашего". В подобном настроении он (Робинсон) провел большую часть времени в полезных заботах, подобающих настоящему случаю; остальную часть времени он изливал молитвы Господу, с великим дерз-

новением принося моления и прошения, обильно сме-
шанные со слезами».

Употребленное Брэдфордом слово *«смирение»* указывает на то, что Пилигримы понимали духовную связь
между постом и смирением души (о чем мы говорили
в 6 и 8 главах этой книги). Отрывок из Книги Ездры,
который избрал Робинсон, является как нельзя лучше
подходящим к данной ситуации. Как по причинам, так
и по обстоятельствам, положение Пилигримов, отправ-
ляющихся в Новый Свет, соответствовало положению
сотоварищей Ездры, возвращающихся из Вавилона в
Иерусалим для восстановления храма.

Конец прощального обращения Робинсона при-
водится Эдвардом Винслоу в книге Верны М. Халлз
«Христианская история Конституции»:

«Настало время для длительного расста-
вания, и только Господь знает, суждено ли ему
(Робинсону) снова свидеться с нами. Но будет
на то воля Господа или нет, он призвал нас пред
лицом Господа и Его благословенных Ангелов сле-
довать его примеру не меньше, чем он сам следует
за Христом; и если Богу будет угодно открыть
нам нечто посредством другого Своего сосуда, то
с готовностью принять это, как принимали вся-
кую истину его (Робинсона) служения. Ибо он был
уверен, что Господь может открыть несравненно
более света и истины посредством Своего Святого
Слова. Также он воспользовался случаем, чтобы
выразить глубокую скорбь по поводу нынешнего
положения и состояния реформистских церквей,
которым в будущем предстоял духовный застой,
и что они не смогут продвинуться дальше своей
реформации (т.е. речь идет о тех, кто возглавлял
"Реформацию").

Возьмем, к примеру, лютеран. Их невозмож-
но заставить выйти за пределы того, что увидел

*Лютер. И какая бы часть Божьей воли не откры-
лась более полно Кальвину, они (лютеране) скорее умрут, чем согласятся принять это. И точно
также, мы видим, как кальвинисты упорно стоят там, где оставил их Кальвин, и это поистине достойно сожаления, поскольку в свое время
они были горящими светильниками, хотя Бог не
открыл им всей Своей воли. И сейчас им следовало
бы быть готовыми принять следующее откровение и больший свет, подобно тому, как было сделано тогда.*

*Здесь Робинсон напомнил нам наш церковный
завет, коснувшись той его части, где мы вступа-
ем в завет с Господом и даем обещание Ему и друг
другу принимать всякую истину и свет, которые
придут к нам через откровение Его Святого Слова
(Писания); вдобавок он призвал нас внимательно
относиться к тому, что мы принимаем как истину, и напомнил о необходимости прежде хорошо
изучить, взвесить и соотнести это с остальным
Писанием. Ибо, сказал он, невозможно, чтобы
христианский мир быстро вышел из густого анти-
христового мрака и чтобы совершенное знание
пришло сразу».*

Обращение Джона Робинсона кратко раскрывает
сущность теологической позиции Пилигримов. Это под-
черкнуто в самом их выборе своего имени — *Пилигримы* («Странники»). Они не претендовали на обладание
окончательным знанием всей истины. Они были на пути
странствования, в поисках все более и более глубокого
откровения истины, которая лежит впереди, когда они
сами идут путем послушания уже открытой истине.

Сам Брэдфорд твердо верил, что он и его сотова-
рищи идут дорогой духовных пилигримов, — праведников Ветхого и Нового Заветов. Поэтому, он любил
обращаться к языку Библии, чтобы выразить свои чув-

ства и отношения. В девятой главе своей книги он описывает прибытие корабля «Мэйфлауэр» на Кейп-Код (полуостров в США недалеко от Бостона), а также многочисленные опасности и трудности, с которыми пришлось встретиться Пилигримам. В заключение главы он пишет:

«Что могло поддержать их теперь, кроме Духа Божия и Его милости? Разве не могут дети таких отцов с полным правом сказать: "Наши отцы были англичане, которые пересекли великий океан, которым угрожала гибель в этой дикой необжитой земле, но они взывали к Господу и Он слышал их вопль и надзирал за ними во время их бедствий (так Брэдфорд перефразировал текст из Второзакония 26:5-7). *Потому да прославят Господа, ибо Он благ, ибо во век милость Его. Так да скажут избавленные Господом, которых избавил Он от руки притеснителя, когда они блуждали по пустыне, по безлюдному пути и не находили населенного места, когда терпели голод и жажду, и душа их изнывала. Да исповедуют пред Господом милость Его и чудные дела Его для сынов человеческих»* (Это Брэдфордова версия Псалма 106:1-8).

Невозможно привести все множество свидетельств об отвеченных молитвах, которые записал Брэдфорд, но вот один пример совместного поста, который должен быть упомянут. Летом 1623 года над урожаем пшеницы, заботливо посаженной руками Пилигримов, нависла угроза:

«...В результате сильной засухи, которая продолжалась со второй половины мая до середины июля, полное отсутствие дождя и почти непрерывная жара привели к тому, что пшеница стала засыхать... так что на некоторых более сухих участках приняла вид высушенного сена... Поэтому, они назначили день всеобщего освящен-

ния, смирения и поста, чтобы искать лица Господа в смиренной и усердной молитве... И Ему было угодно дать им скорый и милостивый ответ, как к их собственному изумлению, так и к восторгу индейцев... ибо все утро и большую часть дня стояла ясная и очень жаркая погода; на небе не было ни облака и никаких признаков дождя. Однако к вечеру небо стало затягивать облаками, и вскоре начался дождь, такой приятный и освежающий, что они возрадовались и стали славить Господа».

Обычно, если дождь вообще выпадал в таких условиях, он бывал в форме грозы, гибельной для урожая. В таком случае он побил бы посевы и уничтожил последнюю надежду Пилигримов. Однако вот что пишет Брэдфорд об этом случае:

«Дождь пришел без ветра и грома, и без всякой чрезмерной силы, но как раз в такой мере обильности, чтобы земля могла пропитаться насквозь. И действие его на погибающие посевы было так плодотворно и живительно, что это представлялось совершенным чудом и заставляло индейцев с восторгом наблюдать за происходящим. И впоследствии, Господь посылал им благоприятные и своевременные дожди с чередованием ясной, теплой погоды, так что милостью Божьей они собрали щедрый, обильный урожай... Поэтому, в определенное время они назначили также день благодарения за эту милость».

Практика посвящения особых дней для поста и молитвы стало частью жизни Плимутской колонии. 15 ноября 1636 года был принят закон, позволяющий губернатору и его помощникам *«назначать торжественные дни смирения с постом, а также дни благодарения, при наличии соответствующих поводов и обстоятельств».*

В восьмой главе нашей книги мы рассматривали обетования, данные через пророка Исаию тем, кто постится угодно Богу, и мы увидели, что эти обетования достигают кульминации в этом стихе — Книга пророка Исаии 58:12:

> *«И застроятся потомками твоими пустыни вековые: ты восстановишь (воздвигнешь) основания многих поколений, и будут называть тебя восстановителем развалин, возобновителем путей для населения».*

История подтверждает, что результаты поста, обещанные в этом стихе, были получены Пилигримами. И духовно и политически они воздвигли *«основания многих поколений».* Спустя три с половиной столетия народ США все еще продолжает строить на основании, которое заложили Пилигримы.

Глава 11

ОБЩЕНАЦИОНАЛЬНЫЕ ПОСТЫ В ИСТОРИИ АМЕРИКИ

Примеру провозглашения совместных постов, установленному Пилигримами, следовали в последующих поколениях, — как правительства, так и самые выдающиеся лидеры американского народа. Рассмотрим несколько таких примеров, задокументированных в истории.

Джордж Вашингтон и Собрание штата Вирджиния

В мае 1774 года в Уильямсбург (штат Вирджиния) пришло сообщение о том, что Британский парламент издал указ о наложении на порт Бостон (штат Массачусетс) эмбарго, которое должно вступить в силу с 1 июня. Незамедлительно члены самоуправления Вирджинии одобрили резолюцию, осуждающую подобный акт, и объявили день начала действия эмбарго — 1 июня — днем поста, смирения и молитвы.

Ниже приведена основная часть резолюции, согласно записанному в *Протоколы Парламента Вирджинии (1773-1776 годы)*, изданных Джоном Пендлетоном Кеннеди:

«Вторник, 24 мая, 14 Geo.III.1774г.

Парламент глубоко встревожен предчувствием великой опасности, угрожающей Британской Америке, в связи с враждебным посягательством на Бостон, находящийся в нашей сестринской Колонии на побережье Массачусетского залива, чьей торговле и порту грозит насильственное закрытие в первый день июня сего года. В связи с военным вмешательством, мы, члены Парламента, полагаем в высшей степени необходимым посвятить обозначенный день — 1 июня — посту, смирению и молитве, чтобы всецело взыскать Божественного вмешательства для предотвращения тяжкого бедствия, которое грозит ликвидацией наших гражданских прав и бедами гражданской войны; с тем, чтобы обрести одно сердце и один разум для отпора, посредством справедливых и подобающих средств, всякого посягательства на права американцев...*

Посему, вынесено постановление, чтобы члены Парламента были на своих местах в 10 часов утра 1 июня сего года, чтобы проследовать вместе со спикером и руководством Парламента в городскую церковь для вышеупомянутых целей; а также назначить преподобного мистера Прайса для молитвы и преподобного мистера Готкина для проповеди, соответствующих случаю».

Выполнение этой резолюции было засвидетельствовано даже такой личностью, как Джордж Вашингтон, который записал в своем дневнике 1 июня: *«Был в церкви и постился весь день»* (Дневник Дж. Вашингтона, 1748-1799, изданный Джоном С. Фитзпатриком).

Церковь, о которой упоминалось в резолюции и в дневнике Вашингтона, это Церковь Брутонского прихода в Уильямсбурге (старейшая церковь Вирджинии; здание церкви, перестроенное в 1715 году по проекту губернатора А. Спотсвуда, сохранилось до наших дней — *прим. ред.*).

Вашингтон верил не только в силу молитвенного прошения о Божьем вмешательстве, но также и в необходимость признать Божье вмешательство и быть благодарным за отвеченные молитвы. 1 января 1795 года, в качестве президента США, Вашингтон издал указ, о посвящении 19 февраля 1795 года общенациональному благодарению и молитве. Ниже приведена выдержка из этого указа Вашингтона:

«Когда мы видим многочисленные бедствия, постигшие другие народы, настоящее положение США представляется весьма утешительным и доставляющим удовлетворение... При таком положении вещей наша обязанность, как народа, состоит в том, чтобы по-особому, с искренней признательностью и глубокой благодарностью, признать себя в великом долгу по отношению ко Всемогущему Богу и умолять Его продлить и упрочить те благословения, которые мы переживаем.

Глубоко проникнутый этими чувствами, я, ДЖОРДЖ ВАШИНГТОН, президент Соединенных Штатов, призываю все религиозные общины и братства, а также каждого гражданина США лично, отделить 19 февраля сего года, четверг, как всеобщий День Благодарения и Молитвы; и в этот день собираться вместе для того, чтобы выразить искреннюю благодарность Великому Правителю народов за Его явные, особые милости, которыми Он отметил нас, как нацию..., чтобы в то же время усердно и смиренно умолять Подателя этих благ великодушно продлить их для нас; — чтобы запечатлеть в наших сердцах благоговейную и глубокую признательность за Его милости; — научиться ценить их, а также, чтобы предупредить опасность гордости, возможную при длительном благоденствии, и опасность увлечься обманчивыми поисками, забыв блага, дарованные нам от Него; — чтобы утвердить в наших сердцах стремление быть достойными прочного благословения, стараясь не злоупотреблять им, но отвечать постоянной благодарностью и поведением; — чтобы более и более превращать эту страну в благодатное убежище для всех страдальцев из других стран; чтобы распространить среди нас истинное и здравое познание; чтобы пребыва-

ли между нами воздержанность, порядок, моральность и благочестие; — и, наконец, чтобы те благословения, которыми мы обладаем и о которых просим для себя передать всему человечеству» (Appendix no. 5, Volume 11, U.S. Statutes At Large).

Посты, объявленные президентами Адамсом и Мэдисоном

При следующем президенте, Джоне Адамсе, США оказались на грани открытой войны с Францией. 23 марта 1798 года Адамс объявил 9 мая торжественным Днем смирения, поста и молитвы. Вот отрывок из его воззвания:

«Поскольку безопасность и процветание народов в конечном итоге происходит и зависит от покровительства и благословения Всемогущего Бога и национальное признание этой истины является обязательным долгом по отношению к Нему не только простых людей, но также и обязанностью тех, кто имеет естественное влияние на общество, дабы им способствовать распространению в нем морали и благочестия, без которых невозможно существование ни всеобщего благоденствия, ни благословений свободного правительства... Соединенные Штаты в настоящее время поставлены в трудное и опасное положение в результате враждебных действий и требований внешней силы (Франции)... В этих условиях, как я полагаю, всем жителям нашей страны следует отнестись с особым вниманием к обязанности взывать к Небесам о милости и благословении для нашего народа.

Поэтому, я счел нужным призвать и призываю, чтобы среда 9 мая сего года была соблюдена по всем Соединенным Штатам, как торжественный День смирения, поста и молитвы: чтобы всем гражданам США отложить в этот день свои обычные мирские занятия и обра-

тить свои искренние устремления к Отцу Милосердия, тем образом, которым они находят наиболее подходящим: чтобы все религиозные сообщества, с глубочайшим смирением, исповедали пред Богом многие грехи и беззакония, в которых мы по праву виновны как лично, так и весь народ в целом, в то же самое время взывая к Его великой милости через Искупителя мира о прощении всех наших проступков и прося Его, чтобы Он Своим Святым Духом привел нас к искреннему покаянию и преобразованию, что позволило бы нам надеяться на Его неоценимое благоволение и Небесное благословение: Чтобы сделать это целью нашего особого и самого горячего прошения, чтобы наша страна могла быть защищена от всех опасностей угрожающих ей: Чтобы наши гражданские и религиозные привилегии могли остаться неповрежденными и были сохранены для последующих поколений...» (Appendix no. 7, Volume 11, U.S. Statutes At Large).

При четвертом президенте, Джеймсе Мэдисоне, Соединенные Штаты оказались в состоянии войны с Британией. Перед лицом сложившейся ситуации обе палаты Конгресса выпустили совместную резолюцию, выражающую пожелания назначения Дня всеобщего смирения, поста и молитвы. В ответ на это последовало воззвание Мэдисона, где для этого была назначена дата — 12 января 1815 года. Оно открывалось следующими словами:

«В связи с угрозой войны, нависшей над нашим обществом, обе палаты Национального Конгресса обратились с совместной резолюцией, в который выразили свое желание назначить дату, чтобы весь народ Соединенных Штатов мог посвятить день смирению и посту, и молитве к Всемогущему Богу о безопасности и благоденствии нашей страны, о Его благословении над нашими вооруженными силами и скорейшему восстановлению мира и спокойствия: Посему, я почел нужным посвятить вторник, 12 января сего года тому, чтобы все имели воз-

можность по расположению своего сердца, в этот день, в своих религиозных собраниях, принести нашу смиренную просьбу к великому Повелителю Вселенной, исповедав свои грехи и преступления, и подтвердив свои обеты о покаянии и исправлении...» (Appendix no. 14, Volume 11, U.S. Statutes At Large).

Результат этого национального поста и молитвы — историческое исполнение Божьего обетования, данного в Книге пророка Исаии 65:24: *«И будет, прежде нежели они воззовут, — Я отвечу; они еще будут говорить, и Я уже услышу».*

За четыре дня до назначенной Мэдисоном даты произошло последнее сражение этой войны при Новом Орлеане, закончившееся победой США. Вскоре после этого был заключен мир. В результате обе палаты Конгресса попросили Мэдисона объявить всеобщий день благодарения, который и был назначен на второй вторник апреля 1815 года. Ниже приведен отрывок из этого воззвания:

«Сенат и Палата Представителей США в совместной резолюции выразили свое желание, чтобы был назначен день, и сделан призыв к народу Соединенных Штатов отпраздновать его со всей религиозной торжественностью как день благодарения и искренней признательности Всемогущему Богу за Его великую благость, явленную Им в восстановлении нам благословенного мира.

Нет народа, который находился бы в большем долгу перед Великим Вершителем истории и судеб народов, чем народ Соединенных Штатов. Его благое провидение первоначально привело нас в одно из лучших мест обитания, предназначенного для великой семьи человечества. Он хранил и лелеял нас во всех наших трудностях, с которыми мы встречались с первых дней. Под Его научающей опекой наше поведение, наше отношение и наши стремления достигли зрелости, подготовившей нас в свое время к переходу к независимости и самоуправле-

нию. В тяжкой борьбе, через которую это достигалось, мы различали многочисленные знаки поддержки от Его благодеющей руки. После всего пройденного, Он возвел нас в силу и даровал средства, позволившие нам отстоять свои национальные права, и закалить свой национальный характер в еще одном тяжелом конфликте, который теперь благополучно разрешился установлением примирения с нашими недавними врагами...

Ради таких благословений, как эти, и в частности восстановления благословенного мира, я призываю к тому, чтобы второй вторник апреля сего года рассматривался как день, в который люди всех религиозных деноминаций могут в своих собраниях торжественно объединить свои сердца и голоса в искреннем почтении и возношении благодарения Небесному Покровителю».
(Appendix no. 16, Volume 11, U.S. Statutes At Large).

Три поста, объявленные Линкольном

Во время президентства Авраама Линкольна, три раза были объявлены дни национального смирения, поста и молитвы. Главной причиной этого была Гражданская война, и центральной темой воззвания стало восстановление национального мира и единства.

Первое воззвание Линкольна вышло после совместной резолюции обеих палат Конгресса, и была назначена дата — последний вторник сентября 1861 года. Вот отрывок из воззвания:

«Поскольку совместный комитет обеих палат Конгресса обратился к президенту с желанием «назначить день всеобщего смирения, поста и молитвы, во время которого народ Соединенных Штатов со всем религиозным пылом и всей серьезностью мог бы вознести усердные моления Всемогущему Богу о благосостоянии и безопасности нашей страны, и Его благословению на нашем

*оружии и о скорейшем установлении мира»; и поскольку
понимать и почитать Высшее Правление Бога следует и надлежит всем людям во все времена, склоняясь в
смиренной покорности перед Его наказанием, исповедуя
и открывая свои грехи и преступления, в полной уверенности, что страх Господень есть начало мудрости, и
молясь со всей ревностью и раскаянием о прощении за
прошлые беззакония и прося благословения своих настоя-
щих и будущих действий...*

*Посему я, АВРААМ ЛИНКОЛЬН, президент Соеди-
ненных Штатов, назначаю последний вторник сентября сего года Днем смирения, поста и молитвы для всей
нации. Также я убедительно призываю всех людей, а особенно всех священнослужителей и духовных наставников
всех деноминаций, а также всех глав семейств, соблюсти
этот день согласно своего исповедания веры и своих форм
богослужения со всем смирением и со всей серьезностью,
чтобы объединенная молитва нации могла достичь Пре-
стола Благодати и принесла обильные благословения
нашей стране». (Appendix no. 8, Volume 12, U.S. Statutes At
Large.)*

Обратив свое воззвание, в том числе, и «ко всем
главам семейств», Линкольн, по всей видимости,
подразумевал, что молитву и пост будут привнесены в
дома людей, когда родители и дети будут соединены в
своем молении и поклонении Богу. В этом, как и в других отношениях, язык и дух этого воззвания находятся
в полном согласии с Писанием.

Второе воззвание Линкольна целиком воспроизве-
дено в начале этой книги.

Третье воззвание Линкольна вышло на основании
совместной резолюции обеих палат Конгресса, и днем,
объявленным для этой цели стал вторник, августа 1864
года. В заключительной части данного воззвания Линкольн сделал специальный призыв для объединения
всех, кто имеет власть и авторитет в любой из сфер

национальной жизни:

> *«Посему я приглашаю и призываю глав исполнительных департаментов правительства, вместе со всеми членами законодательных, судебных и исполнительных органов, а также всех лиц, осуществляющих правление в стране... и всех остальных законопослушных граждан США, собраться в этот день там, где они посчитают уместным, для совместного поклонения, и после этого воздать Всемогущему и Милосердному Повелителю Вселенной то почтение и то славословие, и вознести Ему то же моление, которое возносит Конгресс США... настолько же торжественно и серьезно, настолько же ревностно и благоговейно». (Appendix no. 17, Volume 13, U.S. Statutes At Large.)*

Конечно же, это перечисление случаев всеобщего поста, ни в коей мере нельзя считать полным и исчерпывающим. Однако, вместе с материалом о Пилигримах из предыдущей главы, этих примеров достаточно, чтобы установить один исторический факт: *с начала XVII века и, по крайней мере, до начала второй половины XIX столетия, совместные посты на всем протяжении этих веков играли жизненно важную роль в судьбе народа Соединенных Штатов.*

В свете этих официальных исторических записей, мыслящим американцам следовало бы задать себе вопрос: Сколькие же из тех благословений и привилегий, которыми мы пользуемся сейчас, были приобретены для нас молитвами, ведомыми нашими лидерами и правительствами прошлых поколений?

Сегодня, оглядываясь на три с половиной столетия американской истории, мы можем видеть искусный рисунок, сотканный из нитей различных цветов и текстуры. Каждая нить имеет разное происхождение и свита с разными мотивами и стремлениями. Но отчетливо и сильно через все полотно проходит одна нить — линия Божественного плана. Эта цель рождена в союзе Пилигримов и их совместных постов и молитв. В каждом последующем поколении это поддерживалось и развивалось верою, постом и молитвами христиан, имеющих то же самое понимание. Полное и окончательное завершение этой задачи еще впереди. Ему и посвящена заключительная глава нашей книги.

Глава 12

КУЛЬМИНАЦИЯ: СЛАВНАЯ ЦЕРКОВЬ

В первых главах этой книги мы говорили о том, что Церковь Иисуса Христа, в которой обитает Святой Дух, является главным представителем Бога на земле и главным исполнителем Божьих планов в мире в это время. Затем, в 8-й главе, мы пришли к выводу, что посредством излияния «Позднего дождя» Святого Духа, Бог восстанавливает Церковь до стандартов чистоты, силы и порядка, установленных Им Самим. Эта воссозданная Церковь будет способна исполнить свое предназначение в этом мире и привести к триумфальному завершению Божьи цели в конце этого века.

Совершенная Церковь, описанная Павлом

В послании к Ефесянам, Павел описывает то, каким образом Церковь придет в полное совершенство, и как будет выглядеть в своей полноте. В Ефесянам 1:22-23, он говорит, что Церковь есть Тело Христово, и что Христос превыше всего и является единственным и суверенным Главой Тела. Затем Павел перечисляет основные служения, данные Христом Церкви, и называет их цель. Ефесянам 4:11-13:

«И Он поставил одних Апостолами, других пророками, иных Евангелистами, иных пастырями и учителями, к совершению святых, на дело служения, для созидания тела Христова,

доколе все придем в единство веры и познания Сына Божия, в мужа совершенного, в меру полного возраста Христова».

В 11-м стихе перечислены пять основных служений в Церкви: *апостолы, пророки, евангелисты, пастыри, учителя.* Стих 12 говорит нам о цели этих служений: *для созидания Тела Христова.* Стих 13 указывает на четыре признака совершенного Тела. Дословно этот стих можно перевести так: «Пока все придем в единство веры и познания Сына Божьего, во *взрослое состояние,* в ту *меру возраста, которая представляет Христа во всей Его полноте».*

Слишком часто мы полагаем, что Церковь находится в статическом положении. Это неверно! Церковь находится в процессе роста и развития. Начальное слово стиха 13 *«доколе»* указывает на то, что мы движемся по направлению к определенной цели, — *«в единство веры».* Мы еще не достигли единства веры. Достаточно одного взгляда на множество различных групп и деноминаций вокруг нас, чтобы убедиться в этом. Но мы движемся по направлению к единству. Наступает время, когда все истинные христиане будут едины в своей вере.

Путь, который ведет к единству, обозначен Павлом в следующий фразе *«познание Сына Божия».* Все доктрины Нового Завета сосредоточены вокруг Личности и деяний Христа. Центром учения о спасении является Спаситель; учения об исцелении — Исцелитель; учения об освящении — Освящающий; учения освобождения — Освобождающий; и так далее со всеми основными учениями христианства. Истинное и полное выражение каждой доктрины находится в личности и деяниях Христа. История показывает, что христиане никогда не достигнут единства через абстрактное обсуждение доктрин. Но когда христиане пожелают познать Сына Божьего в Его полноте, а также предоставить Ему надлежащее место в своей жизни и своей церкви, тогда все различные доктрины христианства сойдутся в одном целом, — в Нем, подобно тому, как спицы колеса сходятся в ступице. Поэтому *«путь в единство веры»* лежит только через *«познание Сына Божьего»*.

Это ведет также к возрастанию в *«мужа совершенного»*. Церковь достигает зрелости. Достигшая полного возраста, она будет способна представить *Христа во всей Его полноте*. Церковь станет в прямом смысле слова *воплощением* Христа на земле. Она будет тем, что Бог хотел для Церкви, как Тела Христова: совершенным откровением Христа. Наделенная всякой благодатью, всяким даром, всяким служением, эта совершенная Церковь явит полноту Христову.

В Послании к Ефесянам 5:25-26 Павел дополняет картину Церкви конца века. Он уже представил Церковь, как Тело Христа. Здесь же он изображает Церковь, как Невесту Христа, сравнивая отношения Христа с Его Церковью, с отношениями мужа и жены:

> *«Мужья, любите своих жен, как и Христос возлюбил Церковь и предал Себя за нее, чтобы освятить ее, очистив банею водною, посредством слова...»*

В этих стихах, Павел представляет Христа: во-первых, как Искупляющего, во-вторых, как Освящающего. Средство искупления — Кровь Христа. Средство очищения — Слово Божье. Христос сначала искупил Церковь Своею Кровью, излитой на Кресте, чтобы затем очистить ее Своим Словом. Очищающее действие Слова Божьего сравнивается с омытием чистой водой. Для того чтобы сделать Церковь совершенной, необходимы оба служения: искупление Кровью и омытие чистой водой Слова.

Это перекликается с описанием Христа, данном в 1-м Иоанна 5:6: *«Сей есть Иисус Христос, пришедший водою и кровию (и Духом), не водою только, но водою и кровию; и Дух свидетельствует о Нем, потому что Дух есть истина».*

Через Свою Кровь, пролитую на Кресте, Христос является Искупляющим Церкви. Через чистую воду Слова Божьего, Он является Освящающим Церковь. Святой Дух несет свидетельство об этих двух служениях Христа. В сегодняшнем излиянии «Позднего дождя», Святой Дух снова обращает наше внимание на Свою Божественную власть над этими двумя Божьими средствами для Церкви: искупление Христовой Кровью и очищение Словом Божьим. И то и другое в равной мере являются ключевыми для приведения Церкви в совершенство.

В Послании к Ефесянам 5:27 Павел продолжает описание результатов, которые достигнет Христос в Церкви благодаря этому двойному служению: *«Чтобы представить ее Себе славною Церковью, не имеющею пятна, или порока, или чего-либо подобного, но дабы она была свята и непорочна».*

Первой и самой очевидной чертой Церкви, как здесь описано, будет ее *слава*. Можно сказать, что вся она будет пропитана славой Божьей. Это свидетельство о *«славе»* указывает на личное присутствие Бога, явно ощутимое людьми. После освобождения Израиля из Египта, эта слава, приняв форму облака, осеняла скинию в пустыне, ее присутствие наполняло, а ее сияние освещало Святое святых скинии. Подобным образом совершенная Церковь будет осенена, наполнена и освящена ощутимой и явной славой Божьей. В результате, она станет *святой* Церковью *без пятна и порока*.

Церковь, описанная Павлом в Послании к Ефесянам, явится исполнением молитвы, которую Христос вознес Отцу за Своих учеников, записанную в Евангелии от Иоанна 17:22: *«И славу, которую Ты дал Мне, Я дал им: да будут едино, как Мы едино».* Только слава приведет к совершенству нашего единства. С другой стороны, только единая Церковь сможет явить славу. В предыдущем стихе Иисус говорит *«да уверует мир»*, а в следующем стихе Он говорит *«да познает мир»*. Единая, славная Церковь будет Христовым свидетельством для всего мира.

Сопоставив картину Церкви, данную Павлом в Ефесянам 4:13 с той, которую он описывает в Ефесянам 5:27, мы получим семь отличительных признаков Церкви конца этого века:

1.   Церковь придет к единству веры.
2.   Церковь признает своей Главой Христа во всех аспектах Его личности и деяний.
3.   Церковь достигнет полного возраста.
4.   Совершенная Церковь явит миру Христа в Его полноте.
5.   Церковь будет пропитана славой Божьей.
6.   Церковь будет Святой.
7.   Церковь будет без пятна и порока.

Из этих семи признаков, первые четыре описывают Церковь, как совершенное Тело Христа. Последние три признака характеризуют Церковь, как совершенную Невесту Христа.

Описание Церкви Последнего времени, данное пророком Исаией

Новозаветный образ Церкви конца веков мы находим также в самых разных пророчествах Ветхого Завета. Одно из самых замечательных пророчеств записано в Книге пророка Исаии. На фоне мрака, бедствия и смятения, царствующего во всем мире, Исаия изображает Церковь последнего времени, восставшую в силе и славе. Исаия 59:19-60:5:

«И убоятся имени Господа на западе и славы Его — на восходе солнца. Если враг придет как река, дуновение Господа прогонит его. И придет Искупитель Сиона и сынов Иакова, обратившихся от нечестия, говорит Господь. И вот, завет Мой с ними, говорит Господь: Дух Мой, который на тебе, и слова Мои, которые вложил Я в уста твои, не отступят от уст твоих и от уст потомства твоего и от уст потомков потомства твоего, говорит Господь, отныне и до века. Восстань, светись, Иерусалим, ибо пришел свет твой, и слава Господня взошла над тобою. Ибо вот, тьма покроет землю, и мрак — народы; а над тобою воссияет Господь, и слава Его явится над тобою. И придут народы к свету твоему, и цари — к восходящему над тобою сиянию. Возведи очи твои и посмотри вокруг: все они собираются, идут к тебе; сыновья твои издалека идут и дочерей твоих на руках несут. Тогда увидишь и возрадуешься, и затрепещет и расширится сердце твое, потому что богатство моря обратится к тебе, достояние народов придет к тебе».

В первой части 19 стиха, 59 главы, Исаия объявляет конечную цель Бога, которая будет достигнута через будущие события: *«И убоятся имени Господа на западе, и славы Его — на восходе солнца...»*. Произойдет мировое явление Славы Божьей, что вызовет страх и изумление всех народов.

Вторая половина этого стиха открывает, что *«враг (сатана) придет как река»*, пытаясь помешать осуществлению Божьих планов, но его сопротивление будет опрокинуто Святым Духом. Этот самый темный час в истории человечества, когда оно переживет отчаянную нужду, приведет к самому могущественному вмешательству Бога. Это именно то *«умножение греха»*, когда благодать Божья *«станет преизобиловать»* (Римлянам 5:20).

Святой Дух, в описании Исаии, предстает как знаменосец Божьей Армии. Как раз в тот момент, когда над Божьим народом нависнет угроза всеобщего рассеяния и поражения, Святой Дух поднимет Божье знамя. Ободренный этим свидетельством, что Бог идет к ним на помощь, Божий народ со всех сторон сплотится вокруг поднятого знамени и совершит перегруппировку сил для нового наступления.

Что же это за знамя, которое поднимает Святой Дух? В Евангелии от Иоанна 16:13-14 Иисус говорит о Святом Духе, Который должен прийти и провозглашает: *«...Он прославит Меня...».* Святой Дух имеет только одно знамя, и это ни религиозные системы, ни деноминации, ни учения. Это — Личность — Иисус Христос, Который *«вчера, сегодня и во веки Тот же»* (Евреям 13:8). Для каждого, истинно верующего, прежде всего, важна верность этому стандарту, этому знамени — Иисусу Христу. Верность чему-то другому — будь то системе, деноминации или доктрине — отступает на второй план. *Где бы такие верующие ни увидели знамя Христа, истинно поднятое Святым Духом, они соберутся туда.*

Во время десятилетий, прошедших после окончания Второй Мировой войны, это пророчество из Книги пророка Исаии 59:19 в точности исполнилось. Во-первых, *«враг пришел, как река».* Мир оказался под влиянием и действием беспрецедентного сатанинского потока во всех сферах жизни — религиозной, моральной, социальной, политической. Во-вторых, Святой Дух *«выставил против него знамя».* Каждая часть христианства начала переживать суверенное, сверхъестественное посещение Святого Духа. Это посещение не сконцентрировано вокруг какой-то системы, деноминации или человеческой личности, но лишь вокруг Господа Иисуса

Христа. Вокруг личности Христа, воздвигнутой Святым Духом, Божий народ всякого происхождения сегодня вновь начинает сплачиваться воедино.

Книга пророка Исаии 59:19-20 дает описание разным результатам этого посещения. Божий народ обращается к Нему в покаянии. Христос снова трудится в Своей Церкви, принося искупление и освобождение. Он обновляет Свой Завет и восстанавливает полноту Святого Духа. Божий народ вновь становится Его свидетелем. Божий Дух пребывает на них, и Божье Слово провозглашается через их уста.

Это посещение охватывает все возрастные группы. Оно касается родителей и детей, и детей этих детей. Следует отметить, что особое ударение делается на молодежь. Это именно то излияние, которое было предсказано в Книге пророка Иоиля 2:28 и в Деяниях 2:17: *«...и будут пророчествовать сыны ваши, и дочери ваши, и юноши ваши будут видеть видения...»*.

И это не скоротечное или временное посещение, — оно *«отныне и до века»*. Полнота Святого Духа, возвращенная ныне Божьему народу, никогда больше не отнимется от него.

Первые два стиха из 60 главы Книги пророка Исаии подчеркивают контраст между светом и тьмой: *«Ибо вот, тьма покроет землю, и мрак — народы...»*. Но свет и слава, пребывающие на Божьем народе, будут сиять все ярче и сильнее в окружающей сгущающейся тьме. Тьма сгущается, свет становится ярче. Это — час решения, выбора, разделения путей. Здесь уже не может быть места компромиссу: *«...Ибо какое общение праведности с беззаконием? Что общего у света со тьмою?»* (2-е Коринфянам 6:14).

В третьем стихе Исаия описывает воздействие, которое произведет на мир явление Церкви в ее славе. Народы и правители обратятся и придут к ней за помощью. Об этом часе Иисус говорит в Евангелии от Луки

21:25: «*...на земле уныние народов и недоумение (растерянность и смущение)*». Стремительный рост проблем последних десятилетий поставил правителей перед фактом, что они не могут предложить ответ и решение проблем. Поэтому, целые народы обратятся ко Христу, когда Он явит через Церковь Свою мудрость и силу.

В четвертом стихе, 60 главы, пророк Исаия призывает Церковь взглянуть на великий поток людей, который устремился к ней. И снова особым образом выделены молодые люди: «*...сыновья твои издалека идут и дочерей твоих на руках несут*».

В пятом стихе пророчество достигает своей кульминации: «*Тогда увидишь и возрадуешься...*» (В другом переводе: «*Тогда увидишь и восполнишься (сольешься воедино)...*»). Видение того, что делает Бог, сплотит Его народ воедино. Независимо от исторического прошлого и различных оттенков, из всех направлений христианства потекут потоки пробуждения, которые, наконец, сольются в единую, неудержимую реку. «*И затрепещет и расширится сердце твое...*». Благоговейный страх охватит сердца Божьего народа при виде явления Его силы и славы. Однако при этом должно произойти расширение сердец — возрасти способность понимать и исполнять задачи Божьи.

Божий народ, вновь собранный, объединенный и облеченный в силу, получит в свое распоряжение огромные финансовые и материальные ресурсы — «*богатство моря*» и «*достояние народов*». Бог приготовил и хранит эти ресурсы для последней задачи, которую предстоит выполнить Церкви.

Великое последнее поручение Христа

В Евангелии от Матфея 24:3, ученики спросили Иисуса: «*...какой признак Твоего пришествия и кончи-*

ны века?» Это был очень конкретный вопрос. Они не спросили о *признаках* во множественном числе, но об одном конкретном *признаке*, имея в виду одно окончательное, ясное знамение того, что кончина века уже на пороге.

В стихах с 5 по 13 Иисус называет им несколько признаков — различные события или тенденции, которые будут знаменовать заключительный период. Однако все это было прелюдией того четкого ответа на конкретно поставленный вопрос: *«какой признак Твоего пришествия?»*. Этот ответ дан в стихе 14: *«И проповедано будет сие Евангелие Царствия по всей вселенной, во свидетельство все народам; и тогда придет конец»*.

Здесь есть четкий ответ на конкретный вопрос. Когда наступит конец? — Когда Евангелие Царства будет проповедано по всему миру и всем народам! Это подтверждает общую тему, которой была посвящена вся эта книга. *Инициатива в делах мирового масштаба принадлежит Богу и Его народу*. События века достигнут своей кульминации не через действия гражданского правительства или военной силы и не через потоки сатанинской лжи и беззакония. Окончательным решающим действием, завершающим век сей, будет проповедь Евангелия Царства. Это задача, которую может выполнить только Церковь Иисуса Христа.

Писание очень точно называет весть, которая должна быть проповедана *«Евангелием Царства»*. Это та же весть, которую проповедовали Христос и Его первые ученики. Оно являет Христа, в Его Царственном триумфе, величии и славе. *«Где слово царя, там власть...»* (Екклесиаст 8:4). *«Ибо Царство Божие не в слове, а в силе»* (1-е Коринфянам 4:20). Евангелие Царства засвидетельствовано *«знамениями и чудесами, и различными силами, и раздаянием Духа Святого...»* (Евреям 2:4). Это явится истинным и действенным *«свидетельством для всех народов»*.

Сегодня готовится сцена для последнего великого акта в мировой драме. Впервые, в истории человечества, проповедь Евангелия Царства всем народам окажется возможной в пределах одного поколения. Современная технология способна обеспечить средства передвижения и средства коммуникации, которые необходимы для этой цели. Стоимость использования таких ресурсов будет огромной, но в Исаии 60:5, Бог обещал Церкви последнего времени *«богатство моря»* и *«достояние народов»*. Это предусмотренные Им средства обеспечения Церкви. Финансовые и технические ресурсы народов окажутся в распоряжении Церкви для осуществления ее последнего дела на земле.

В то же время излияние «Позднего дождя» Святого Духа, согласно предсказанию Иоиля, поднимет армию посвященных молодых мужчин и женщин, готовых исполнить поручение Иисуса, записанное в Деяниях 1:8: *«Но вы примете силу, когда сойдет на вас Дух Святый, и будете Мне свидетелями... даже до края земли».* Это то самое поколение, которое Давид предвидел в Псалме 21:31: *«Потомство мое будет служить Ему и будет называться Господним вовек».* Это также относится к периоду, о котором Иисус говорил в Евангелии от Матфея 24:34: *«...не прейдет род сей, как все сие будет».*

Для окончательно достижения Своих целей, Бог соберет вместе все необходимые ресурсы: как человеческие, (в лице исполненных Духом людей, — в первую очередь, молодых), так и материальные — финансы и технологии. И в том и в другом отношении США в состоянии сделать исключительный вклад. Первое массовое излияние Святого Духа на современную молодежь имело место в США, и оно все еще продолжается по всей стране. В то же время США обладают величайшими финансовыми и технологическими ресурсами в современном мире. Страна, которая первая осуществила высадку людей на Луну, имеет исключительные возможности доставлять посланников Евангелия Царствия во все концы земли. Имея в наличии эти ресурсы — как человеческие, так и материальные — для всемирной проповеди Евангелия Царства, США доведут до конца ту нить Божественного предназначения, которое проходит через всю, трех с половиной вековую, историю этой страны.

Это особое предназначение Бога для Соединенных Штатов было рождено из братства Пилигримов. Видение, которое Бог дал им, было откровение о восстановлении Церкви. Этому они посвятили себя в своем труде и в своих жертвах, с молитвой и постом. Сегодня те, кто разделяют видение Пилигримов, могут наблюдать его исполнение. Церковь Иисуса Христа приходит в готовность нести Евангелие Царства всем народам земли. Благодаря выполнению этой последней задачи, сама Церковь достигнет совершенства.

Исследование Писания научило Пилигримов двум великим истинам, которые они, в свою очередь, передали своим духовным преемникам, как в их собственной стране, так и в других странах. Во-первых, конечный Божий план — это *восстановление* и *зрелость* (совершение) Церкви. Во-вторых, источник силы для исполнения этого плана — *совместная молитва и пост*.

СОДЕРЖАНИЕ

Дерек Принс

ВЛИЯНИЕ НА ИСТОРИЮ ЧЕРЕЗ ПОСТ И МОЛИТВУ